DELUCA Pies

デルーカ家のパイ

渡邊デルーカ瞳

Hitomi Watanabe-Deluca

文化出版局

Contents

Introduction

はじめまして、渡邊デルーカ瞳と申します。

ニューヨークを拠点に、クリエイティブ・ディレクターとしてHI(NY)というデザイン事務所を経営しています。デザインをツールに問題解決をしていくブランディングという手法で、ブランドを作り上げるお手伝いをしています。

移住したのは、20年以上も前の2001年。高校を卒業後すぐに渡米し、ニューヨークでの暮らしが人生の半分以上になりました。大学に進学し、就職、起業、結婚、出産と、人生の大きな節目を全てニューヨークで迎えました。

趣味でお菓子作りを始めたのが、2012年。

私の夫であり、DEAN & DELUCAの創設者であるジョルジョは焼き菓子、特に果物を使ったものが元々大好きでした。パリに行くときは必ずおいしいパン屋やパティスリーを見つけては旬の果物を使ったタルトやペイストリーを楽しんでいたのですが、そのたびに「パリではおいしいフルーツペイストリーが当然のように簡単に手に入るのに、ニューヨークでは全然見つからない」と嘆いていました。それなら私が作るしかない、と思ったのがきっかけです。

ジョルジョが大満足するフルーツタルトを作るのはそう簡単ではありませんでした。本やネットからいろいろな情報を集め学び、小麦粉と油脂との割合を少しずつ変えて味比べをしたり、油脂にバター以外のものを試したり、バターや小麦粉のメーカー別でも比較しました。毎回メモと写真は欠かさず、その記録は膨大な量になりました。毎日タルトを焼き、ジョルジョから課された「1つのアイテムをまず100回作ってみよう」という目標はあっという間に達成したのでした。

こうして、私なりのタルト生地ができ上がりました。

そして目標であったフルーツタルトですが、実は果物の扱いもそれはそれは奥が深く、今もなお悪戦苦闘することが多々ありますが、それでもジョルジョから100%お墨つきのフルーツタルトレシピがいくつか完成しました。

タルトが納得のいくできに仕上がってから、自然な流れで作り始めたのがアメリカンパイです。フレンチタルトが繊細さを求められるのとは対照的に、アメリカのパイといえば家庭的なお菓子。生地に対するフィリングの割合もタルトとパイでは異なりますし、生地はよりホロホロッとした食感を求められます。納得のいくものに試行錯誤を重ねて時間はかかりましたが、今家族からのリクエストが多いのはタルトよりもアメリカンパイで、豊富なフィリングのバリエーションを楽しんでいます。

パイを焼き続ける中で、デザイナーという職業柄もあってか、凝り始めたのが上生地のデザイン。最初は、パイデザインで最も一般的な、生地を編み込んだようなラティス(格子柄)模様を続けて作っていましたが、それでは物足りなくなり、さまざまなデザインにチャレンジするようになりました。

ただ凝ったデザインを作るだけではなく、引きのばした生地から必要な分をできるだけ一度で取れるよう、いかに無駄なくかたどれるかを考えるのも、私にとっては楽しい作業。定規を使って計算までしている私を見て、ジョルジョは「geek(オタク)をこんなに間近で見たのは初めてだ」とからかいます。

最初のタルトとの戦いが始まってから、毎日焼き続ける日々が続きましたが、その数年後に息子が生まれてからは、時間も限られるので、週に1回と決めて焼いています。息子に安心なおやつをあげることができるのもうれしいですし、焼くたびにジョルジョが本当にうれしそうに食べてくれるのが、何より幸せです。

今回この本を作るにあたって、私がニューヨーク在住という物理的な距離があることもあり、写真やそのスタイリング、そして本のデザインまで全てを担当させていただきました。膨大な作業量に心が折れそうになったこともありましたが、家族や編集者さんの支えのおかげで、なんとか仕上げることができました。

どこかのどなたかが、同じようにうれしそうに食べてくれることを願っています。

How I Bake at Home

この本の使い方

季節について

フルーツパイは果物そのものがおいしいとパイもおいしく仕上がります。旬の果物を使うように心がけているので、季節によって作るパイも違い、本書では四季別にレシピを紹介しています。なお、ニューヨークと日本では手に入りやすい材料や、旬の時期も微妙に違うと思うので、代用できるものを使って地元の旬のおいしい果物で作ってください。

下準備について

生地を冷蔵庫でねかせる時間や、フルーツパイの場合は果物の水抜きをする時間が必要なので、下準備を前日の夜にしています。翌朝パイを焼いたあと、パイによりますが常温程度になるまで数時間休ませるのが基本。午後のおやつか、夕食後のデザートとしていただくのがわが家のお決まりのパターンです。

パイの食感とサイズについて

パイというと層になったパリパリの食感をイメージする方も多いと思いますが、本書で紹介するパイはサクッ、ホロッとした食感。その決め手はショートニング。私はトランス脂肪酸フリーのものを使っており、これはアメリカでも主流になってきています。また、パイのサイズはわが家で作る約16㎝（6.5インチ）の分量になっています。

糖分について

果物の素材が持つ甘みと風味を最大限に生かすため、わが家のパイは砂糖控えめです。甘いのがお好きな方は砂糖の分量を増やすか、砂糖を入れたホイップクリーム、またはアイスクリームといっしょにどうぞ。

オーブンについて

本書はガスオーブンでの温度としており、電気オーブンを使う場合は10℃ほど上げてください。電気オーブンは上生地が焦げやすいので、途中からパイクラストシールド（p.94参照）やアルミホイルをかぶせてください。

保存方法について

残ったパイはラップをして冷蔵庫で保存し、カットしてトースターで温めてからいただくことが多いのですが、冷たいままでも意外とおいしく（映画に出てくるような、アメリカのダイナーのパイを彷彿させます）いただけます。

Pie Designs

パイのデザイン

ここでお見せしているパイ生地は、各レシピの最後のページにデザインの作り方を写真とイラストと共に紹介しています。もちろん、パイレシピとデザインは自由に組み合わせを変えていただいてかまいません。上生地のデザインは、クッキー型やナイフ（またはペイストリーカッター）を使用して形作ります。パイのデザインを作る上で一番大事なことは、生地をその都度よく冷やすこと。

手で生地を触っていると、どうしても手の熱でやわらかくなってしまいます。余分に時間はかかりますが、少しでも生地がやわらかくなってきたら、すぐに冷蔵庫または冷凍庫に入れて、ある程度かたくなってから作業を続けます。やわらかいまま作業を続けると、せっかくの模様がはっきりとせず、焼くとぼんやりとしたできになってしまうので気をつけましょう。

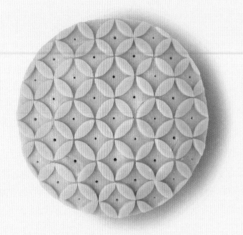

アップルパイ (p.14)

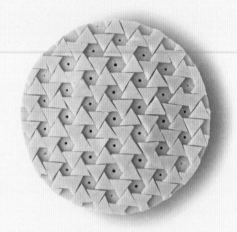

アプリコットパイ (p.18)

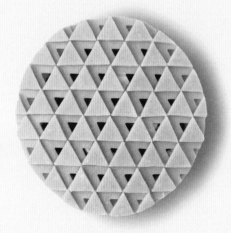

ブルーベリーパイ (p.22)

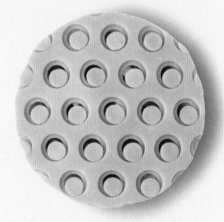

いちごとルバーブのパイ (p.32)

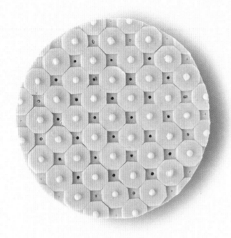

チェリーパイ (p.38)

リンツァーパイ (p.42)

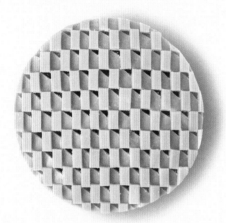

ピーチとアマレットのパイ (p.52)

バルサミコ・アップルパイ (p.64)

プラムといちじくのパイ (p.68)

洋梨の赤ワイン煮パイ (p.80)

Pie Dough

基本の生地

アメリカンパイ生地

本書のパイレシピのうち、キーライムパイ (p.60) 以外はすべてこの基本の生地を使います。フードプロセッサーを使う場合と使わない場合の生地の作り方を記載していますが、最初の数回は、生地の感触を手で感じるために、フードプロセッサーを使わずに作ることをおすすめします。でき上がった生地は、グルテンを引き締めるために最低1時間は冷蔵庫で冷やしてから使ってください。冷蔵保存であれば2〜3日、冷凍の場合は1か月は問題なく使用できます。冷凍保存の場合は、使う前日の夜に冷蔵庫に移し、一晩かけて解凍します。そして使う直前まで冷蔵庫で冷やしておきます。

フードプロセッサーを使う場合

1
フードプロセッサーに準強力粉、きび砂糖、自然塩を入れ、5秒ほど攪拌する。

2
バターを1〜2cm角に切り、ショートニングとともに1に加える。小刻みに20回ほどONとOFFを繰り返してそぼろ状になるまで攪拌する。

3
ウォッカを少しずつ加えながら攪拌し、生地がまとまるまで加えていく。生地はホロッとして、やや崩れそうな状態。最後は手でひとまとめにする。
Note: 湿度によってウォッカの量は多少変わり、入れすぎると生地がダレやすくなるので注意。

4
3の生地を台にのせ、各レシピを参照して生地を分割し、それぞれ手で形にする。このとき、台の上に大きめに切ったラップを敷いて生地をのせ、さらにラップをかけて生地をはさむとのばしやすい。
Note: 形にしたとき、バターの粒が白く残っている状態。手の熱でバターがとけないように、手早く作業する。

5
それぞれラップで包んで冷蔵庫で1時間以上ねかす。

	[A分量]	[B分量]（A分量の2倍）	[C分量]（A分量の3倍）
	でき上がり 約160g	でき上がり 約320g	でき上がり 約480g
準強力粉	85g	170g	255g
きび砂糖（または三温糖）	大さじ1/2	大さじ1	大さじ1と1/2
自然塩	小さじ1/4	小さじ1/2	小さじ3/4
ショートニング（冷やしておく）	22g	44g	66g
バター（冷やしておく）	38g	76g	114g
ウォッカ	大さじ1/2〜1と1/2	大さじ1〜3	大さじ2〜4

フードプロセッサーを使わない場合

1

ボウルに準強力粉、きび砂糖、自然塩を入れ、カード（またはスケッパー）で混ぜる。

2

バターを1〜2cm角に切り、ショートニングとともに1に加える。切るようにしてそぼろ状になるまで3分ほど混ぜる。

3

ウォッカを少しずつ加え、カードで押しつけるようにしながら混ぜる。ウォッカを生地がまとまるまで加えていく。生地はホロッとして、やや崩れそうな状態。最後は手でひとまとめにする。

Note: 湿度によってウォッカの量は多少変わり、入れすぎると生地がダレやすくなるので注意。

4

3の生地を台にのせ、各レシピを参照して生地を分割し、それぞれ手で形にする。このとき、台の上に大きめに切ったラップを敷いて生地をのせ、さらにラップをかけて生地をはさむとのばしやすい。

Note: 形にしたとき、バターの粒が白く残っている状態。手の熱でバターがとけないように、手早く作業する。

5

それぞれラップで包んで冷蔵庫で1時間以上ねかす。

生地ののばし方

まず生地をのばすときに端が割れてしまう場合は、めん棒で生地全体をたたいて、のばしやすいかたさにそろえます。そして生地をのばす際に大事なことは、バターをとかさないために、極力手で触らないようにすること、そして手早くすること。まずは打ち粉をしたオーブンペーパー（またはペイストリーマット・p.95参照）に生地を置いて大きく切ったラップをかけ、その上からめん棒でのばします。めん棒を生地の中央から奥に向かって押し出すようにのばし（1〜3）、生地をのせたペーパーごと、45度ほど回転させます（4）。そしてまた中央から奥に向かってのばします（5、6）。これを45度ずつ回転させながら繰り返し（7〜9）、こうすることによって、直接手で生地を触る機会を最小限にします。

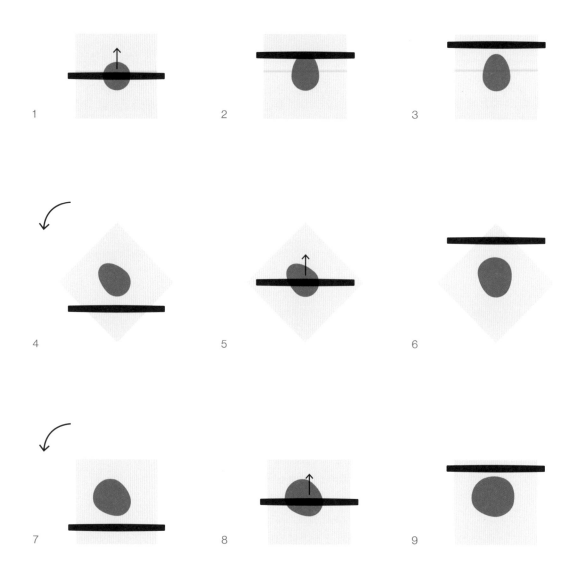

Deluca Family Favorites

デルーカ家で人気の定番パイ

最初に紹介する5つのパイは、家族からのリクエストが特に多いパイ。焼いてきた回数も格段に多いため、改良を重ねた自信を持って紹介できるレシピです。このうち、アプリコット以外は年中手に入る果物なので季節を問わず、ふと思い立ったときに作れるのがうれしいポイントです。

Apple Pie アップルパイ

私が初めてチャレンジしたアメリカンパイが、アップルパイです。アップルパイにはシナモンやナツメグなどのスパイスが使われていることが多いですが、わが家のアップルパイには何も入れていません。それはりんごよりも存在感が強くなってしまうから。りんご本来の味を最大限に楽しむには、余分なものはいらない、というのが結論です。また、りんごを含む果物のパイを焼くときにありがちな失敗といえば、水分が多すぎて下の生地がべちゃっとしてしまうこと。果物から出る水分によるためなので、私は必ず水抜きをするようにしています。りんごの場合は2時間以上前にスライスしてブラウンシュガーとレモン汁につけておきます。さらに砂糖も一般的なアメリカンパイで使う砂糖の量の4分の1程度。極限まで甘さを控えてりんごの持つ甘みだけにしています。もし甘いのがお好きなら、砂糖を増やしてもいいでしょう。またバニラアイスクリームやホイップクリームといっしょにいただくのもおすすめ。わが家では生クリームをかけていただくのが恒例です。

材料	生地	基本の生地 C分量 (p.11)	全量
直径約16cmの パイ皿1台分	フィリング	りんご (酸味が強いグラニースミス)	1個 (約240g)
		(甘みが強いふじ)	2個 (約480g)
		グラニースミスやふじが手に入らない場合は、酸味の強い紅玉、甘みが強いはるかやトキでもよい。	
		ブラウンシュガー	10g + 10g
		レモン汁	1/2個分
		薄力粉	ひとつまみ
		バター	12g
	仕上げ	とき卵	適量
		中ザラ糖	小さじ1
		自然塩	ひとつまみ

上がグラニースミス、下2つがふじ。

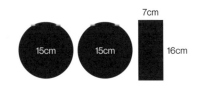

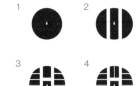

下準備

パイ生地は3等分にして、図のサイズ程度にし、ラップに包んで冷蔵庫に入れておく。

りんごの皮をむいて、1cm程度にスライスする。

ボウルにりんごを入れ、ブラウンシュガー10gとレモン汁を加えてあえ、2時間常温に（または冷蔵庫に一晩）おいて、りんごの水分を抜く。抜いた水分は水や炭酸水で割ってドリンクにしてもおいしい。

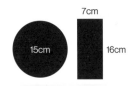

作り方 1

冷蔵庫から生地を2つ取り出して台にのせ、デザインを作る（右ページ参照）。

2

残りの生地を取り出して台にのせ、めん棒で直径約24cmにのばしてパイ皿に敷き、冷蔵庫で最低10分冷やす。

3

2を取り出し、薄力粉を内側の底部分に薄くふる。

4

りんごの水気をペーパータオルで吸い取り、できるだけ隙間ができないように3にりんごを敷き詰める。

5

1cm角にカットしたバターと、残りのブラウンシュガー10gをまんべんなく散らす。

6

5の縁部分にとき卵を刷毛でぬり、右ページ6を取り出して上にのせ、はみ出した生地をナイフで切り落とす。

7

楊枝で写真のように全体に穴をあけて冷凍庫で15分冷やす。とき卵を刷毛で表面にぬり、中ザラ糖、自然塩を順にふる。

8

220℃のオーブンで15分、190℃に温度を下げて45分焼く。パイ皿ごと網にのせ、常温になるまで冷ます。

パイ皿の中でカットして取り出す。常温になるまで冷ますとカットしやすい。それでも1スライス目は崩れやすいので注意。

Design Process

デザインの作り方

ここで使う抜き型(p.95の抜き型1を使用)

直径4cmの丸形抜き型

1

円形の生地は直径約22cmにのばし、冷蔵庫へ。長方形の生地は図のサイズよりも少し大きめにのばしてから11x24cmに切る。生地の厚みは約3mm。

2

長方形の生地は縦に1cm幅に切って、短冊を11枚作り、冷蔵庫で最低10分冷やす。

3

短冊1枚を、抜き型で図のように葉っぱ形に抜く。1枚の短冊から8枚の葉っぱ形を作る。

4

残り10枚も3と同様に抜き、その都度冷蔵庫に入れて、88枚の葉っぱ形を作る。

5

1の円形生地を取り出して、とき卵を刷毛で全体にぬり、中央に葉っぱ形4枚を直径4cmの円形になるように置く。

6

5と同様にして円のまわりに円形を作っていき、88枚をすべて使って全体の模様を仕上げる。冷蔵庫で冷やす。

Note: ナイフでカットする前や型抜き前に打ち粉をふるう。生地がダレてくると作業しづらいので、少しでもやわらかくなってきたら冷蔵庫で冷やす。冷凍庫で短時間冷やしてもいい。

Apricot Pie アプリコットパイ

私の夫ジョルジョは、アプリコットを使った焼き菓子に目がなく、当然アプリコットパイも大好きなパイの1つ。他のストーンフルーツ（中心にかたい種がある果物）にはない特有の酸味と、繊細な甘みが絶妙なバランスを作ります。アプリコットパイの少し難しい点といえば、果物そのもののクオリティによってパイの仕上がりが大きく左右されるところ。当然ですが、アプリコッ

トがおいしければおいしいほど、パイもおいしく仕上がるので、よく見極める必要があります。熟し加減はかたすぎずやわらかすぎずで、ちょうどいい食べごろがベスト。そしてアプリコットの香りとうまみを最大限に生かすため、水抜きをした汁を煮込んでどろっとさせてから、最後にパイ皿に詰めたアプリコットの上にかけます。このひと手間がおいしさにつながります。

材料	生地	基本の生地 C分量（p.11）	全量
直径約16cmの パイ皿1台分	フィリング	アプリコット（あんず）	9個（約540g）
		ブラウンシュガー	40g
		レモン汁	1/2個分
		薄力粉	小さじ1＋ひとつまみ
		バター	12g
	仕上げ	とき卵	適量
		中ザラ糖	小さじ1
		自然塩	ひとつまみ

アプリコット

下準備

パイ生地は3等分にして、図のサイズ程度にし、ラップに包んで冷蔵庫に入れておく。

アプリコットはよく洗い、種を取り除いて皮つきのまま6等分に切る。

ボウルにアプリコットを入れてブラウンシュガーとレモン汁を加えてあえ、2時間常温に(または冷蔵庫に一晩)おく。

作り方 1

冷蔵庫から生地を2つ取り出して台にのせ、デザインを作る(右ページ参照)。

2

アプリコットをざるに上げて水分をよくきる。ボウルに残った汁を鍋に入れ、バターと薄力粉小さじ1を加えて中火にかける。1/3量くらいになってどろっとしたら火を止め、冷ます。

3

冷蔵庫から残りの生地を取り出して台にのせ、めん棒で直径約24cmにのばしてパイ皿に敷き、冷蔵庫に最低10分入れて冷やす。取り出して、薄力粉を内側の底部分に薄くふる。

4

できるだけ隙間ができないように2のアプリコットを敷き詰める。

5

2で煮詰めた汁を4にかけ、再び冷蔵庫で10分冷やす。

6

5を取り出して、縁部分にとき卵を刷毛でぬり、右ページ9を取り出して上にのせ、はみ出した生地をナイフで切り落とす。

7

楊枝で写真のように全体に穴をあけて冷凍庫で15分冷やす。とき卵を刷毛で表面にぬり、中ザラ糖、自然塩を順にふる。

8

220℃のオーブンで15分、190℃に温度を下げて45分焼く。パイ皿ごと網にのせ、常温になるまで冷ます。

パイ皿の中でカットして取り出す。常温になるまで冷ますとカットしやすい。それでも1スライス目は崩れやすいので注意。

Design Process

デザインの作り方

ここで使う抜き型(p.95の抜き型1を使用)

1辺が8mmの六角形抜き型

1

1つは直径約22cm、もう1つは直径約24cmにのばし、2つとも冷蔵庫へ。生地の厚みは約3mm。

2

30cmの正方形に切ったオーブンペーパーを裏返し、縦横それぞれ半分に折ってセンターを定め、油性ペンで中央から上下に12.5cmの線を引く。

3

中央線から左右に2cm間隔で25cm長さの線を5本ずつ引いていき、合計11本の線を引く。

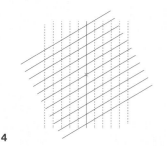

4

中央線が60度右に回転するように分度器ではかってオーブンペーパーを回し、再びセンターから上下に中央線を引いて**3**と同様に合計11本の線を引く。

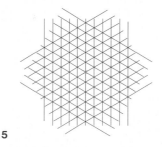

5

4をもう一度繰り返して、図のように仕上げる。オーブンペーパーを表に返し、**1**の直径24cmの生地を中央に置く。

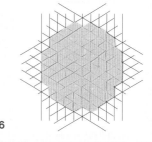

6

線に沿ってナイフで生地を切り、138枚の三角形を作る。

7

1の直径22cmの生地を取り出し、とき卵を刷毛で全体にぬる。中央に抜き型を置き、そのまわりを囲むように、6枚の三角形を並べる。

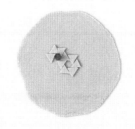

8

抜き型を写真のように動かし、そのまわりを囲むように、4枚の三角形を並べる。

9

8を繰り返して、全体の模様を仕上げる。冷蔵庫で冷やす。

Note: ナイフでカットする前に打ち粉をふるう。生地がダレてくると作業しづらいので、少しでもやわらかくなってきたら冷蔵庫で冷やす。冷凍庫で短時間冷やしてもいい。

Blueberry Pie ブルーベリーパイ

パイ生地の研究を始めてパイを頻繁に焼くようになったのですが、ブルーベリーパイはずっと手つかずでした。それはなじみがないせいか魅力を感じられなかったため。けれどニューヨーク郊外にある私が大好きなパイ屋、ブライアミア農場のブルーベリーパイを食べて、そのあまりのおいしさに考えを改めたのでした。それから挑戦し始めたのですが、最初は失敗の連続。ブルーベリーは水分が多く、スプーンなしでは食べられないようなできでした。さまざまな方法を試してみた結果、生のブルーベリーと冷凍のものを合わせることによって、おいしさを損なわずに水分を減らすことができました。今となってはわが家みんなが大好きなパイの1つとなり、息子からのリクエストが最も多いのもこのブルーベリーパイなのです。

材料	生地	基本の生地 C分量(p.11)	全量
直径約16cmの	フィリング	ブルーベリー(生)	250g
パイ皿1台分		ブルーベリー(冷凍)	250g
		生のものを冷凍してもよい。	
		きび砂糖(または三温糖)	10g+20g
		薄力粉	ひとつまみ
		アロールート粉(または細かく砕いた葛粉)	大さじ1
		とろみをつけるための粉。アロールート粉や葛粉が手に入らない場合は、同じ分量の片栗粉で代用可能。	
		自然塩 a	小さじ1/4
		バター	12g
	仕上げ	とき卵	適量
		中ザラ糖	小さじ1
		自然塩 b	ひとつまみ

下準備

パイ生地は3等分にして、図のサイズ程度にし、ラップに包んで冷蔵庫に入れておく。

ブルーベリー（冷凍）をボウルに入れてきび砂糖10gを加えてあえ、2時間常温に（または冷蔵庫に一晩）おいて、果物の水分を抜く。抜いた水分は水や炭酸水で割ってドリンクにしてもおいしい。

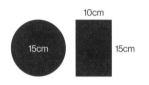

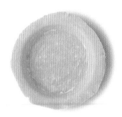

作り方 1

冷蔵庫から生地を2つ取り出して台にのせ、デザインを作る（右ページ参照）。

2

残りの生地を取り出して台にのせ、めん棒で直径約24cmにのばしてパイ皿に敷き、冷蔵庫で最低10分冷やす。

3

2を取り出し、薄力粉を内側の底部分に薄くふる。

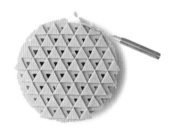

4

ブルーベリー（冷凍）をざるに上げて水分をよくきる。ボウルに戻し、ブルーベリー（生）、きび砂糖20g、アロールート粉、自然塩aを加えて混ぜ、3に入れる。

5

1cm角にカットしたバターをまんべんなく散らす。

6

5の縁部分にとき卵を刷毛でぬり、右ページ6を取り出して上にのせ、はみ出した生地をナイフで切り落とす。冷凍庫で15分冷やす。

7

とき卵を刷毛で表面にぬり、中ザラ糖、自然塩を順にふる。

8

220℃のオーブンで15分、190℃に温度を下げて45分焼く。パイ皿ごと網にのせ、常温になるまで冷ます。

パイ皿の中でカットして取り出す。常温になるまで冷ますとカットしやすい。それでも1スライス目は崩れやすいので注意。

Design Process

デザインの作り方

ここで使う抜き型(p.95の抜き型1を使用)

1辺が1.7cmの三角形抜き型　　1辺が2.9cmの三角形抜き型

   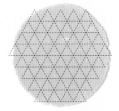

1

円形の生地は直径約22cmにのばし、冷蔵庫へ。長方形の生地は15x18cm程度にのばす。生地の厚みは約3mm。

2

1辺が2.9cmの三角形抜き型で長方形の生地から48枚の三角形をぬき、冷蔵庫で冷やす。

3

1の円形生地を取り出し、1辺が2.9cmの三角形抜き型を生地に軽く押し当て、図のように三角形の跡をつける。

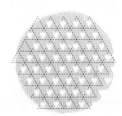 

4

1辺が1.7cmの三角形抜き型を使って、3でつけた跡を目安に、写真のように生地をくりぬく。

5

とき卵を刷毛で全体にぬる。2の三角形生地を取り出し、3でつけた跡に沿って写真のように置く。

6

2のすべての三角形を置いて全体の模様を仕上げる。冷蔵庫で冷やす。

Note: 型抜きする前に打ち粉をふる。生地がダレてくると作業しづらいので、少しでもやわらかくなってきたら冷蔵庫で冷やす。冷凍庫で短時間冷やしてもいい。

Flat Apple Pie with Crème Anglaise りんごとクレーム・アングレーズのフラットパイ

このパイは家族の大のお気に入りで、生地の香ばしい香りとクリームの甘い香り、りんごの甘酸っぱさの組み合わせが絶妙です。生地がピザのように薄いので、あっという間にペロリと平らげてしまうこともしばしば。手間いらずで、パイ皿に生地を敷くという作業がなく、はみ出した生地を切り落とさなくてもいいので無駄になる生地が出ません。また、味の決め手になるクレーム・アングレーズはカスタードクリームに似ていますが、小麦粉を使わないのでさらっとしているため、パイ全体が軽い仕上がりになります。ピザのように焼きたてをぜひ楽しんでください。

材料	生地	基本の生地 A分量(p.11)	全量
直径約22cmの フラットパイ1つ分 (パイ皿は使わない)	フィリング	りんご(マッキントッシュまたはつがる)	1個(約180g)
		つがるは300gくらいで、マッキントッシュより重いので、切ってから約180gを計量して使う。	
		レモン汁	1/2個分
		きび砂糖(または三温糖)	小さじ1
		中ザラ糖	小さじ1/2
	クレーム・ アングレーズ	バニラビーンズ	3cm
		牛乳	90g
		きび砂糖(または三温糖)	小さじ1+小さじ2
		卵黄	1個分

下準備

■ パイ生地は直径約15cmの円形にし、ラップに包んで冷蔵庫に入れておく。

■ りんごはよく洗い、皮つきのまま縦半分に切ってへたと芯を取り除く。りんごの頭の部分からできるだけ薄くスライスしてボウルに入れ、レモン汁ときび砂糖小さじ1を加えてあえ、1時間常温においておく。

作り方

1 冷蔵庫から生地を取り出して台にのせ、めん棒で直径約22cmにのばし、冷蔵庫で最低10分冷やす。

2 バニラビーンズは縦に切り目を入れて、種を包丁でこそげ出す。鍋に牛乳、バニラビーンズの種とさや、きび砂糖小さじ1を入れて中火にかけ、沸騰直前まで温めて火を止める。

3 別のボウルにきび砂糖小さじ2と卵黄を入れ、泡立て器ですり混ぜる。2をこし器でこしながら加え、泡立て器で軽く混ぜる。

4 3を2の鍋に戻し入れて弱火にかけ、ゴムべらで混ぜながら、とろみがつくまで約5分火を入れる(A)。このとき鍋の底にダマができないように気をつける。

5 1の生地を取り出し(B)、オーブンペーパーにのせて全体にフォークで穴をあけ、220℃のオーブンで8分焼く(C)。

6 5を取り出し、スプーンで4を生地全体にぬる(D)。

7 りんごの水気をペーパータオルで吸い取り、生地の外側から円を描くように並べ、中ザラ糖をかける(E)。190℃に下げたオーブンで25分焼く。

A

B

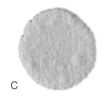
C

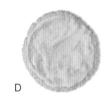
D

E

Banana Cream Pie バナナクリームパイ

バナナクリームパイは、空焼きしたパイ生地に、生のバナナと　つで、バナナなので季節を問わず作ることができます。使用す
カスタード、そして生クリームを重ねるだけのシンプルさとク　るバナナは、黒い斑点が出た完熟のものよりも、その直前くら
リームたっぷりで満足度の高いパイ。アメリカの定番パイの1　いのものをおすすめします。

材料	生地	基本の生地 A分量(p.11)	全量
直径約16cmの		卵白	適量
パイ皿1台分	フィリング	バニラビーンズ	5cm
		牛乳	160g
		きび砂糖(または三温糖)	小さじ2+大さじ1
		卵黄	1個分
		薄力粉	12g
		自然塩	ひとつまみ
		ナツメグパウダー	ひとつまみ
		ラム酒(お好みで)	小さじ2
		バナナ	1本+1/2本
		生クリーム(乳脂肪分40〜45%)	1カップ

下準備
- パイ生地は直径約15cmの円形にし、ラップに包んで冷蔵庫に入れておく。
- 薄力粉はふるう。

作り方

1　冷蔵庫から生地を取り出して台にのせ、めん棒で直径約24cmにのばしてパイ皿に敷き、はみ出した余分な生地をナイフで切り落として、冷蔵庫で最低10分冷やす。生地全体にフォークで穴をあけ、生地の内側に約25cmの正方形に切ったオーブンペーパーを敷き、重しをのせて200℃のオーブンで25分焼く。

2　オーブンから取り出して重しを取り、生地の内側に刷毛で卵白をぬってさらに8分焼く。網にのせて冷ます。

3　バニラビーンズは縦に切り目を入れて、種を包丁でこそげ出す。鍋に牛乳、バニラビーンズの種とさや、きび砂糖小さじ2を入れて中火にかけ、沸騰直前まで温めて火を止める。

4　ボウルにきび砂糖大さじ1と卵黄を入れ、泡立て器ですり混ぜ、薄力粉、自然塩、ナツメグを加えて混ぜる。ここに3をこし器でこしながら加えて軽く混ぜる。

5　4を3の鍋に戻し入れて弱火にかけ、ゴムべらで混ぜながらとろみがつくまで火を入れる。このとき鍋の底にダマができないように気をつける。火からおろしてラム酒を加え、軽く混ぜて冷ましておく。

6　バナナ1本は約5mm厚さの輪切りにする。

7　2に5の1/3量をのせて平らにならし(A)、6の半量を敷き詰める(B)。これをもう一度繰り返し、最後に5の残りのせて平らにならす。ラップをゆるくかけて、冷蔵庫で最低2時間冷やす。

8　食べる直前に、別のボウルに生クリームを入れ、氷水に当てながら泡立て器で九分立て(泡立て器を持ち上げたとき、しっかりとかたくしまった角がピンと立つくらい)にし、7にのせてドーム状になるように形をととのえる(C)。

9　バナナ1/2本は約2mm厚さの輪切りにし、写真(D)のように1枚ずつ外側から少しずつ重ねて並べていき、生クリームをすべておおう(E)。

A

B

C

D

E

上生地のデザインを作らない場合

p.8-9でお見せしたパイ生地のようなデザインを施さなくてもパイは作れます。私はデザインを施したほうが、上生地に厚みが出てよりおいしく仕上がると思っていますが、時間もかかるので、手軽に作りたいという方はぜひこのシンプルな方法をお試しください。

材料	生地	基本の生地 B分量 (p.11)	全量
直径約16cmの	フィリング	各レシピ参照	
パイ皿1台分	仕上げ	とき卵	適量
		中ザラ糖	小さじ1
		自然塩	ひとつまみ

下準備　■　パイ生地は2等分にしてそれぞれ円形にし、ラップに包んで冷蔵庫に入れておく。

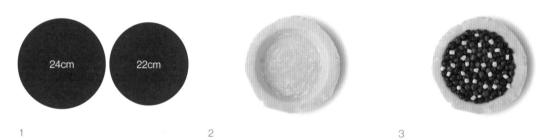

1
生地を取り出して台にのせ、1つは直径24cm、もう1つは直径22cmの円形にのばし、直径22cmの生地は冷蔵庫へ。

2
1の直径24cmの生地をパイ皿に敷き、冷蔵庫で最低10分冷やす。

3
各レシピに従って、フィリングを入れる。

4
3の縁部分にとき卵を刷毛でぬり、1の直径22cmの生地を上にのせて、はみ出した生地を下生地の外側に折り込む。

5
ナイフで写真のように切り込みを入れて冷凍庫で15分冷やす。とき卵を刷毛で表面にぬり、中ザラ糖、自然塩を順にふる。

6
各レシピに従って、オーブンで焼く。

Spring

春のパイ

ニューヨークの春はやや短め。寒くて長い長い冬が明けてもまだまだ肌寒い日々が続き、5月半ばから6月ごろになってようやくルバーブやベリーがグリーンマーケットに並び始めます。冬の間は、りんごのようにクオリティが年中ほぼ一定の果物のパイや、クリームやチョコ系のフルーツを使わないパイが必然的に増えます。春の果物の時期になると、パイを焼くたびに家中にフレッシュな香りが広がり、パイからは鮮やかな色のフィリングがあふれ出します。

Strawberry Rhubarb Pie いちごとルバーブのパイ

ルバーブは鮮やかな赤色の茎のように見える葉柄に大きな葉がつく野菜で、北米とヨーロッパを中心に栽培されています。食べるのは葉柄の部分で、強い酸味と独特の香りがあります。生は酸味が強すぎるので、砂糖といっしょに煮込んでジャムにしたり、焼き菓子に入れて使います。春になるとニューヨークのグリーンマーケットに並び始め、夏の終わりごろまで手に入れることができます。私のパイ作りにも欠かせない材料の1つ。ルバーブだけで作ることもありますが、今回はルバーブといちごの組み合わせにしました。ルバーブの酸味といちごの甘い香りのバランスが絶妙で、春らしい爽やかな味わいです。

材料	生地	基本の生地 C分量 (p.11)	全量
直径約16cmの	フィリング	いちご	12個 (約300g)
パイ皿1台分		ルバーブ	2本 (約200g)
		同じ分量の冷凍ルバーブで代用可能。	
		ブラウンシュガー	20g＋20g
		薄力粉	ひとつまみ
		アロールート粉 (または細かく砕いた葛粉)	大さじ1
		とろみをつけるための粉。アロールート粉や葛粉が手に入らない場合は、同じ分量の片栗粉で代用可能。	
		バター	12g
	仕上げ	とき卵	適量
		中ザラ糖	小さじ1
		自然塩	ひとつまみ

いちごとルバーブ

下準備

パイ生地は3等分にして、図のサイズ程度にし、ラップに包んで冷蔵庫に入れておく。

いちごとルバーブはよく洗い、いちごはヘたを取って半分に、ルバーブは1cm幅程度にスライスする。

ボウルにいちごとルバーブを入れ、ブラウンシュガー20gを加えてあえ、2時間常温に（または冷蔵庫に一晩）おいて、果物の水分を抜く。抜いた水分は水や炭酸水で割ってドリンクにしてもおいしい。

作り方 1

冷蔵庫から生地を2つ取り出して台にのせ、デザインを作る（右ページ参照）。

2

残りの生地を取り出して台にのせ、めん棒で直径約24cmにのばしてパイ皿に敷き、冷蔵庫で最低10分冷やす。

3

2を取り出し、薄力粉を内側の底部分に薄くふる。

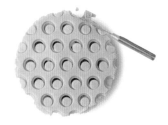

4

いちごとルバーブをざるに上げて水分をよくきる。ボウルに戻し、アロールート粉を加えて混ぜ、3に入れる。

5

1cm角にカットしたバターと、残りのブラウンシュガー20gをまんべんなく散らす。

6

5の縁部分にとき卵を刷毛でぬり、右ページ9を取り出して上にのせ、はみ出した生地をナイフで切り落とす。冷凍庫で15分冷やす。

7

とき卵を刷毛で表面にぬり、中ザラ糖、自然塩を順にふる。

8

220℃のオーブンで15分、190℃に温度を下げて45分焼く。パイ皿ごと網にのせ、常温になるまで冷ます。

パイ皿の中でカットして取り出す。常温になるまで冷ますとカットしやすい。それでも1スライス目は崩れやすいので注意。

Design Process

デザインの作り方

ここで使う抜き型（p.95の抜き型1を使用）

直径2.9cmの丸形抜き型　　直径2cmの丸形抜き型

1
それぞれ直径約22cmにのばし、1つは
冷蔵庫へ。生地の厚みは約3mm。

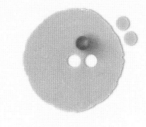

2
2.9cmの抜き型で 円形の中央をくりぬ
く。その穴から右横に1cmあけて再度く
りぬく。

3
2を繰り返し、縦横それぞれ1cmあけなが
ら写真のように生地全体をくりぬく。冷
蔵庫で最低10分冷やす。

4
1のもう1つの円形生地を取り出し、とき卵
を刷毛で全体にぬり、**3**を上に重ねる。

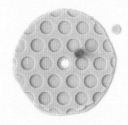

5
2cmの抜き型で写真のように下側の生
地をくりぬく。

6
5でくりぬいた直径2cmの円形生地は冷
蔵庫で冷やす。

7
5を繰り返して生地全体をくりぬく。冷
蔵庫で最低10分冷やす。

8
7を取り出し、穴があいた部分に、**6**の生
地を写真のように右下にずらして置く。

9
8を繰り返して、全体の模様を仕上げる。
冷蔵庫で冷やす。

Note: 型抜きする前に打ち粉をふるう。生地がダレてくると作業しづらいので、少しでもやわらかくなってきたら冷蔵庫で冷やす。
冷凍庫で短時間冷やしてもいい。

Rhubarb Hand Pies ルバーブのハンドパイ

この本の中で唯一のハンドパイ。そのまま手に取って食べられるミニサイズなので、手みやげにするととても喜ばれます。本書にあるレシピの中で、上生地のあるパイのフィリングであれ ばどれでも代用できます。今回はたまたま新鮮なルバーブが手に入ったので、ルバーブのハンドパイにしました。

材料	生地	基本の生地 B分量(p.11)	全量
直径8cmの	フィリング	ルバーブ	2本(約200g)
ハンドパイ4つ分		同じ分量の冷凍ルバーブで代用可能。	
		ブラウンシュガー	30g
		レモンの皮	1/8個分
	仕上げ	とき卵	適量
		中ザラ糖	小さじ1
		自然塩	ひとつまみ

下準備

■ パイ生地は2等分に分けてそれぞれ約15cmの正方形にし、ラップに包んで冷蔵庫に入れておく。

作り方

1 ルバーブはよく洗って、1cm幅程度にスライスする。鍋にルバーブ、ブラウンシュガー、レモンの皮を入れて蓋をし、中弱火にかけてルバーブがやわらかくなるまで10分ほど煮込んでそのまま冷ます。

2 冷蔵庫から生地1つを取り出して台にのせ、めん棒で19cmの正方形より少し大きくのばす。端を切りそろえて9.5cmの正方形4つに切り、冷蔵庫で冷やす。

3 もう1つの生地も取り出し、めん棒で約24cmの正方形にのばし、直径2.9cmの丸形抜き型で64枚の円形生地をぬく。冷蔵庫で冷やす。

4 2の1枚を取り出して台にのせ、中央に1を大さじ2程度のせて(A)、生地の端にとき卵を刷毛でぬる。

5 3を16枚取り出し、4の上にずらしながら重ねて、写真(B-D)のようにうろこ状にし、直径8cmの丸形抜き型でぬく(E)。残りの3つも同様にして作り、冷凍庫で15分冷やす。

6 5を取り出してとき卵を刷毛で表面にぬり、中ザラ糖、自然塩を順にふる。220℃のオーブンで10分、190℃に温度を下げて20分焼く。

Note: 型抜きする前に打ち粉をふる。生地がダレてくると作業しづらいので、少しでもやわらかくなってきたら冷蔵庫で冷やす。冷凍庫で短時間冷やしてもいい。

ここで使う抜き型
(p.95の抜き型1を使用)

直径2.9cmの
丸形抜き型

直径8cmの
丸形抜き型

 A

 B

  C

  D

  E

Cherry Pie チェリーパイ

アメリカでチェリーパイといえばもっぱらサワーチェリーパイ。サワーチェリーは文字通り酸味の強いさくらんぼで、使う砂糖の量が必然的に多くなるため、わが家ではサワーチェリーとスイートチェリーを混ぜて使用しています。生のサワーチェリーが手に入るのは、国内有数の産地であるここニューヨーク州でも、初夏の数週間のみ。この時期以外は冷凍のものを使っています。

材料	生地	基本の生地 C分量(p.11)	全量
直径約16cmの パイ皿1台分	フィリング	冷凍チェリー(種なし)	約500g
		ここではスイートチェリーとサワーチェリーを半々で使用。サワーチェリーのみを使用する場合は、ブラウンシュガーの量をを1.5〜2倍に。	
		ブラウンシュガー	40g
		レモン汁	1/2個分
		自然塩	ひとつまみ
		レモンの皮のすりおろし	1/2個分
		バター	12g
		キルシュ(お好みで)	大さじ1
		アロールート粉(または細かく砕いた葛粉)	大さじ1
		とろみをつけるための粉。アロールート粉や葛粉が手に入らない場合は、同じ分量の片栗粉で代用可能。	
		薄力粉	ひとつまみ
	仕上げ	とき卵	適量
		中ザラ糖	小さじ1
		自然塩	ひとつまみ

下準備

パイ生地は3等分にして、図のサイズ程度にし、ラップに包んで冷蔵庫に入れておく。

冷凍チェリーをボウルに入れてブラウンシュガーとレモン汁を加えてあえ、2時間常温に（または冷蔵庫に一晩）おく。

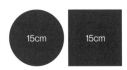

作り方 1

冷蔵庫から生地を2つ取り出して台にのせ、デザインを作る（右ページ参照）。

2

チェリーをざるに上げて水分をよくきり、残り汁は鍋に入れる。チェリーをボウルに戻し、自然塩とレモンの皮のすりおろしを加えて混ぜる。

3

2の残り汁の鍋を中火にかける。1/3量くらいになって少しとろみがついたら火を止め、バターとキルシュを加えて冷ます。冷めたらアロールート粉と2のチェリーを加えてやさしく混ぜる。

4

残りの生地を取り出して台にのせ、めん棒で直径約24cmにのばしてパイ皿に敷き、冷蔵庫で最低10分冷やす。取り出して、薄力粉を内側の底部分に薄くふる。

5

4に3を敷き詰める。

6

5の縁部分にとき卵を刷毛でぬり、右ページ6を取り出して上にのせ、はみ出した生地をナイフで切り落とす。

7

楊枝で八角形の隙間に穴をあけて冷凍庫で15分冷やす。とき卵を刷毛で表面にぬり、中ザラ糖、自然塩を順にふる。

8

220℃のオーブンで15分、190℃に温度を下げて45分焼く。パイ皿ごと網にのせ、常温になるまで冷ます。

パイ皿の中でカットして取り出す。常温になるまで冷ますとカットしやすい。それでも1スライス目は崩れやすいので注意。

Design Process

デザインの作り方

ここで使う抜き型(p.95の抜き型1を使用)

1辺が1cmの八角形抜き型

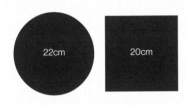

1
円形の生地は直径約22cmにのばし、冷蔵庫へ。正方形の生地は約20cm四方にのばす。生地の厚みは約3mm。

2
抜き型を使って、正方形の生地から49枚の八角形を作り、冷蔵庫で冷やす。余った切れ端の生地はひとまとめにして冷やす。

3
1の円形生地を取り出し、とき卵を刷毛で全体にぬる。**2**の八角形を円の中央に1枚置く。これにつなげるように横に1枚、縦に1枚置く。

4
3を繰り返し、49枚全ての八角形を置いて全体を写真のように仕上げる。とき卵を刷毛で全体にぬる。

5
2で冷やしておいた余りの生地を取り出し、少量を手にとって5mm程度のボール状に丸め、八角形の中央に置く。

6
5のボールを残り48個作り、全ての八角形の上に置いて全体の模様を仕上げる。冷蔵庫で冷やす。

Note: 型抜きする前に打ち粉をふるう。生地がダレてくると作業しづらいので、少しでもやわらかくなってきたら冷蔵庫で冷やす。冷凍庫で短時間冷やしてもいい。

Linzer Pie リンツァーパイ

リンツァートルテといえば、ナッツを使った生地とフルーツのジャムを使って焼き上げる、オーストリアの伝統ある焼き菓子。以前はそれほど興味を持てなかったお菓子ですが、ある時お気に入りのフレンチレストランでいただいた、モダンに昇華されたリンツァートルテのおいしさといったら！ 必ずパイとしても作りたいと思ったのがきっかけでした。生地はパイの食感をキープするためにナッツの粉は使用せず、代わりにフィリングにマジパンローマッセ（普段使っているのは「アーモンドペースト」ですが、日本のアーモンドペーストとは形状が異なるため、マジパンローマッセを使ってください）を使い、ラズベリーと2層になるようにしています。そして唯一このパイは、ホイップクリームやアイスクリームではなく、クレーム・アングレーズ（p.26参照）と合わせていただくのがおすすめ。濃厚な味わいが楽しめます。

材料	生地	基本の生地 C分量（p.11）	全量
直径約16cmの パイ皿1台分	フィリング	ラズベリー	250g
		同じ分量の冷凍ラズベリーで代用可能。	
		ブラウンシュガー	10g
		レモン汁	1/2個分
		マジパンローマッセ	100g
		バター	57g
		薄力粉	大さじ2
		自然塩	ひとつまみ
		卵	1個
	仕上げ	とき卵	適量
		中ザラ糖	小さじ1
		自然塩	ひとつまみ

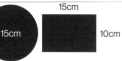 

下準備

パイ生地は3等分にして、図のサイズ程度にし、ラップに包んで冷蔵庫に入れておく。

ラズベリーは縦半分に切って（冷凍の場合は切らない）ボウルに入れる。ブラウンシュガーとレモン汁を加えてあえ、1時間常温におく。

マジパンローマッセとバターは常温に戻す。

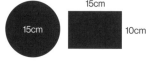

作り方 1

冷蔵庫から生地を2つ取り出して台にのせ、デザインを作る（右ページ参照）。

2

残りの生地を取り出して台にのせ、めん棒で直径約24cmにのばしてパイ皿に敷き、冷蔵庫で最低10分冷やす。

3

マジパンローマッセとバターをボウルに入れてハンドミキサーでよく混ぜる。薄力粉と自然塩を足して混ぜ、さらにといた卵を足して混ぜる。

4

3を2に入れて平らにならす。

5

ラズベリーをざるに上げて水分をよくきり、4に入れる。水分は水や炭酸水で割ってドリンクにしてもおいしい。

6

5の縁部分にとき卵を刷毛でぬり、右ページ3を取り出して上にのせ、はみ出した生地をナイフで切り落とす。冷凍庫で15分冷やす。

7

とき卵を刷毛で表面にぬり、中ザラ糖、自然塩を順にふる。

8

220℃のオーブンで15分、190℃に温度を下げて45分焼く。パイ皿ごと網にのせ、常温になるまで冷ます。

パイ皿の中でカットして取り出す。常温になるまで冷ますとカットしやすい。それでも1スライス目は崩れやすいので注意。

Design Process

デザインの作り方

ここで使う抜き型（p.95の抜き型1、3を使用）

| 1.2cmの正方形抜き型 | 2.2cmの正方形抜き型 | 直径2cmの丸形抜き型 | 直径2.9cmの丸形抜き型 | 直径3.6cmの丸形抜き型 | 直径7cmの丸形抜き型 | 1辺が1.7cmの三角形抜き型 | 1.6cmの十字星抜き型 | 1辺が1.4cmの八角形抜き型 |

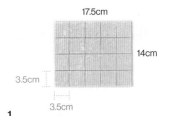

1

円形の生地は直径約22cmにのばして冷蔵庫へ。長方形の生地はのばしてから17.5×14cmに切る。さらに写真のように縦横それぞれ3.5cm幅に切って正方形を20枚作る。冷蔵庫で最低10分冷やす。生地の厚みは約3mm。

2

1の20枚の正方形のうち、19枚は下の図のように飾り生地を作る（残りの1枚は正方形のまま）。1の円形生地を取り出し、溶き卵を刷毛で全体にぬり、写真のように飾り生地をのせて模様を作る。

3

1辺が1.7cmの三角形抜き型、1.6cmの十字星抜き型、1.2cmの正方形抜き型、ナイフを使って、上の写真のように6か所くりぬく。

直径2cmの丸形抜き型で正方形の中央をくりぬく。[x2枚分]

直径2.9cmの丸形抜き型で正方形の中央をくりぬく。

7等分に短冊切り（0.5cm幅）。

5等分に短冊切り（0.7cm幅）。

1.6cm幅の短冊を2枚。

4等分の正方形に切り、うち2枚は対角線で半分。

対角線で半分。[x3枚分]

対角線で4等分。

直径3.6cmの丸形抜き型で正方形の中央をくりぬき、円形を縦に2等分。

直径3.6cmの丸形抜き型で正方形の中央をくりぬき、円形を縦横に4等分。

直径7cmの丸形抜き型で、正方形の対角と抜き型の端が重なるようにくりぬく。

9等分の正方形に切る（約1.1cm幅）。

直径3.6cmの丸形抜き型で正方形の中央をくりぬく。

2.2cmと1.2cmの正方形抜き型を使って3枚に分ける。[x2枚分]

1辺が1.4cmの八角形抜き型で正方形の中央をくりぬく。

Note: ナイフでカットする前や型抜き前に打ち粉をふるう。生地がダレてくると作業しづらいので、少しでもやわらかくなってきたら冷蔵庫で冷やす。冷凍庫で短時間冷やしてもいい。

Strawberry Lemon Mascarpone Pie いちごとレモンとマスカルポーネのパイ

バナナクリームパイ（p.28）やブラックボトムパイ（p.84）と同様
に、フィリングを入れたあと焼かずに冷やして食べるこのパイ
は、夏になると必ず作るパイ。旬の甘いいちごと、酸味が爽や

かなレモン、そしてリッチな味わいのマスカルポーネの組み合
わせが絶妙です。ベリー系の果物であれば、いちごの代わりに
どれを使ってもおいしくできます。

材料	生地	基本の生地 A分量(p.11)	全量
直径約16cmの	レモンカード	きび砂糖（または三温糖）	25g
パイ皿1台分		レモンの皮のすりおろし	1/2個分
		卵黄	1個分
		レモン汁	30g（約1/2個分）
		バター	20g
	マスカルポーネクリーム	マスカルポーネ	90g
		生クリーム（乳脂肪分40〜45%）	90g
		自然塩	ひとつまみ
		けしの実	小さじ1
	フィリング	いちご	200g
	仕上げ	とき卵	適量
		卵白	適量

下準備　■ パイ生地は直径約15cmの円形にし、ラップに包んで冷蔵庫に入れておく。

作り方

1　冷蔵庫から生地を取り出して台にのせ、めん棒で直径約24cmにのばしてパイ皿に敷き、縁からはみ出した生地
をナイフで切り落とす。縁部分に斜めの切り込みを5mm間隔に入れ、1片を持ち上げて横の片にのせるように置
く(A)。1片間隔に繰り返して全体を仕上げ(B)、冷凍庫で15分冷やす。生地全体にフォークで穴をあけ、生地の
内側に約25cmの正方形に切ったオーブンペーパーを敷き、重しをのせて200℃のオーブンで25分焼く。

2　オーブンから取り出して重しを取り、刷毛で生地の内側に卵白を、縁部分にとき卵をぬってさらに8分焼く。網にの
せて冷ます。

3　レモンカードを作る。鍋にきび砂糖とレモンの皮のすりおろしを入れて、泡立て器で混ぜる。卵黄を加えてすり
混ぜ、レモン汁を加えてよく混ぜる。中火にかけ、ゴムべらで混ぜながらとろみがつくまで火を入れる。火から
おろし、バターを加えて混ぜ、冷ましておく。

4　マスカルポーネクリームを作る。ボウルにマスカルポーネと生クリーム、自然塩を入れて、氷水に当てながら泡立
て器で九分立て（泡立て器を持ち上げたとき、しっかりとかたくしまった角がピンと立つくらい）にし、けしの実を
加えて軽く混ぜる。

5　2に3をのせて平らにならし(C)、さらに4ものせて平らにならす(D)。約5mm厚さに切ったいちごをのせて、冷
蔵庫で最低2時間冷やす。

A

B

C

D

E

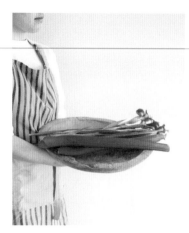

What Happens in Spring

1	2	3
4	5	6
7	8	9

1 息子の誕生日は春の終わり。3歳の誕生日には、小麦粉不使用のチョコレートケーキでお祝い。2 パイは前もって焼いておけるので、ディナーパーティのデザートとしても最適。3 春になるとニューヨークのグリーンマーケットに並び始めるルバーブ。4&5 6回目の誕生日には、ブルーベリーパイを。アルファベットと数字6の型を使ってデザイン。6 料理を教わったのは、ジョルジョから。7 週末は美術館やギャラリーへ行くことが多い。8 8歳の誕生日には、ピーチパイを。三角形抜き型を使って数字の8をデザイン。9 8歳の誕生日の記念に家族写真。

Summer

夏のパイ

フルーツパイが中心のわが家にとって、夏はパイのハイシーズン。春の終わりごろから旬になるベリーなどの果物は引き続きおいしく、さらにはなんといってもストーンフルーツの出番。夏は家を空けることが多くなるので、家にいる間はさまざまなストーンフルーツのパイをここぞとばかりに焼き続けます。アプリコット、桃、ネクタリン、プラムなど、それぞれ違ったおいしさがあり、いくら焼いても食べ飽きることはありません。太陽をいっぱい浴びた果物がたっぷり詰まったパイは、わが家の夏のデザートの象徴です。

Apricot Custard Pie アプリコットのカスタードパイ

おいしそうなアプリコットが手に入ると、どちらを作ろうか迷うのが、シンプルなアプリコットパイ(p.18)とこのパイ。カスタードとアプリコットを合わせて焼き上げるため、カスタードのクリーミーな甘さと、アプリコットのジューシーな酸味が、文句なしのバランスを作り出します。

材料	生地	基本の生地 A分量(p.11)	全量
直径約16cmの		卵白	適量
パイ皿1台分	フィリング	アプリコット(あんず)	5個(約300g)
		ブラウンシュガー	10g
		レモン汁	1/2個分
	カスタード	バター	40g
		卵	1個
		きび砂糖(または三温糖)	30g
		アップルブランデー	小さじ1
		自然塩	ひとつまみ
		薄力粉	12g
		生クリーム	大さじ1

下準備

■ パイ生地は直径約15cmの円形にし、ラップに包んで冷蔵庫に入れておく。

■ アプリコットはよく洗い、種を取り除いて皮つきのまま6等分に切る。ボウルに入れてブラウンシュガーとレモン汁を加えてあえ、2時間常温に(または冷蔵庫に一晩)おく。

■ 薄力粉はふるう。

作り方

1 冷蔵庫から生地を取り出して台にのせ、めん棒で直径約24cmにのばしてパイ皿に敷き、はみ出した余分な生地をナイフで切り落として、冷蔵庫で最低10分冷やす。生地全体にフォークで穴をあけ、生地の内側に約25cmの正方形に切ったオーブンペーパーを敷き、重しをのせて220℃のオーブンで20分焼く。

2 鍋にバターを入れて中弱火にかけて加熱し、きつね色になったら鍋底を水に当てて冷ます。

3 ボウルに卵ときび砂糖を入れ、ハンドミキサーでもったりするまで混ぜる。

4 アプリコットをざるに上げて水分をよくきる(残り汁はとりおく)。

5 3に4の残り汁から大さじ2を加えて混ぜ、2とカスタードの残りの材料を加えてよく混ぜる。

6 1をオーブンから取り出して重しを取り、生地の内側に刷毛で卵白をぬる。再び220℃のオーブンで2分焼いて取り出し、温度を175℃に下げる。

7 6に4のアプリコットを入れ、5を流し込んで40〜45分焼く。パイ皿ごと網にのせ、2時間以上冷ます。

Amaretto Peach Pie ピーチとアマレットのパイ

夏になるとわが家でよく作るデザートの一つに、ローストピーチがあります。桃を半分に切って、アマレット（アーモンド風味のリキュール）と砂糖をかけてアルコールを飛ばし、最後にオーブンで焼くだけのシンプルなもの。これが本当においしいので、これをパイに入れてみようと思いました。桃とアマレットの絶妙な風味がパイ生地の中に閉じ込められて、ジューシーで色気ある味わいになりました。なおローストピーチはマスカルポーネといっしょにいただくのがお決まりなので、このパイもマスカルポーネと合わせるのがおすすめです。なければホイップクリームでもOK。アメリカの桃の実はややかためで、日本だとネクタリンに似ています。

材料	生地	基本の生地 C分量(p.11)	全量
直径約16cmの パイ皿1台分		生地に入れるウォッカを同じ分量でアマレットに代えるとより濃厚な味わいに。	
	フィリング	桃(かための品種かネクタリン)	小3個(約540g)
		アマレット	60g
		ブラウンシュガー	40g
		バター	12g
		薄力粉	小さじ1 + ひとつまみ
	仕上げ	とき卵	適量
		中ザラ糖	小さじ1
		自然塩	ひとつまみ

ここで使った黄桃。

下準備

パイ生地は3等分にして、図のサイズ程度にし、ラップに包んで冷蔵庫に入れておく。

桃はよく洗い、種を取り除いて皮つきのまま12等分に切る。

桃をボウルに入れてアマレットとブラウンシュガーを加えてあえ、2時間常温に（または冷蔵庫に一晩）おく。

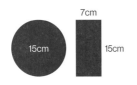

作り方 1

冷蔵庫から生地を2つ取り出して台にのせ、デザインを作る（右ページ参照）。

2

桃をざるに上げて水分をよくきる。ボウルに残った汁を鍋に入れ、バターと薄力粉小さじ1を加えて中火にかける。1/3量くらいになってどろっとしたら火を止め、冷ます。

3

残りの生地を取り出して台にのせ、めん棒で直径約24cmにのばしてパイ皿に敷き、冷蔵庫で最低10分冷やす。取り出して、薄力粉を内側の底部分に薄くふる。

4

できるだけ隙間ができないように2の桃を敷き詰める。

5

2で煮詰めた汁を4にかけて、再び冷蔵庫で10分冷やす。

6

5を取り出して、縁部分にとき卵を刷毛でぬり、右ページ6を取り出して上にのせ、はみ出した生地をナイフで切り落とす。冷凍庫で15分冷やす。

7

とき卵を刷毛で表面にぬり、中ザラ糖、自然塩を順にふる。

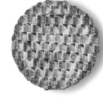

8

220℃のオーブンで15分、190℃に温度を下げて45分焼く。パイ皿ごと網にのせ、常温になるまで冷ます。

パイ皿の中でカットして取り出す。常温になるまで冷ますとカットしやすい。それでも1スライス目は崩れやすいので注意。

Design Process

デザインの作り方

 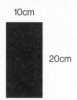  

10cm

22cm

20cm

1

円形の生地は直径約22cmにのばし、冷蔵庫へ。長方形の生地は図のサイズよりも少し大きめにのばしてから10x20cmに切る。生地の厚みは約3mm。

2

長方形の生地を縦に1cm幅、横に2cm幅に切って、1x2cmの長方形を100枚作る。冷蔵庫で最低10分冷やす。

3

1の円形生地を取り出し、全体にとき卵を刷毛でぬる。2を数枚取り出し、中央から市松模様のように並べていく。

  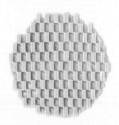

4

3を繰り返して、円全体に模様をつけ、冷蔵庫で最低10分冷やす。

5

ナイフを使って、写真のように三角形に生地を切り取っていく。うまく切り取れない場合は、竹串を使ってはがす。

6

5を繰り返して、全体の模様を仕上げる。冷蔵庫で冷やす。

Note: ナイフでカットする前に打ち粉をふるう。生地がダレてくると作業しづらいので、少しでもやわらかくなってきたら冷蔵庫で冷やす。冷凍庫で短時間冷やしてもいい。

Peach Cream Pie ピーチクリームパイ

Peaches and Cream Pieとも呼ばれるこのパイは、アメリカ南部の定番パイ。焼かないタイプのものや、クリームとして生クリームやクリームチーズを使うものなどその種類はさまざまで すが、わが家ではサワークリームを使った焼くタイプのピーチクリームパイがお決まりです。

材料	生地	基本の生地 A分量(p.11)	全量
直径約16cmの		卵白	適量
パイ皿1台分	フィリング	桃(かための品種かネクタリン)	小2個(約360g)
	クリーム	きび砂糖(または三温糖)	40g
		サワークリーム	120g
		卵黄	1個分
		薄力粉	大さじ2
		自然塩	ひとつまみ

下準備

- ■ パイ生地は直径約15cmの円形にし、ラップに包んで冷蔵庫に入れておく。
- ■ 桃はよく洗い、種を取り除いて皮つきのまま12等分に切る。
- ■ 薄力粉はふるう。

作り方

1　冷蔵庫から生地を取り出して台にのせ、めん棒で直径約24cmにのばしてパイ皿に敷き、はみ出した余分な生地をナイフで切り落として、冷蔵庫で最低10分冷やす。生地全体にフォークで穴をあけ、生地の内側に約25cmの正方形に切ったオーブンペーパーを敷き、重しをのせて220℃のオーブンで20分焼く。

2　クリームを作る。ボウルにクリームの材料を入れて、泡立て器でよく混ぜる。

3　1をオーブンから取り出して重しを取り、生地の内側に刷毛で卵白をぬる。再び220℃のオーブンで2分焼いて取り出し、温度を175℃に下げる。

4　3に桃を入れ、2を流し込んで40〜45分焼く。パイ皿ごと網にのせ、常温になるまで冷ます。

Nectarine Raspberry Pandowdy ネクタリンとラズベリーのパンダウディ

パンダウディとは、アメリカの植民地時代に食べられた伝統的な焼き菓子。耐熱皿に果物を敷き詰めて、その上に生地を重ねて焼くパイのことを指します。一般的に果物はりんごですが、パイに使う果物であれば何でも大丈夫。ここでは、ネクタリンとラズベリーを使いました。普通のパイとの大きな違いは、下生地を敷かないこと。普通のパイは、下生地がべちゃっとしないように、フィリングの水分をいかに抑えるかがポイントになりますが、パンダウディはその心配がいりません。また焼いたあとにフィリングを落ち着かせる必要もなく、焼きたての熱々をスプーンでいただけるのがうれしいパイです。

材料	生地	基本の生地 B分量(p.11)	全量
約26x16cmの耐熱皿1台分	フィリング	ネクタリン	4個(約560g)
		ラズベリー	170g
		同じ分量の冷凍ラズベリーで代用可能。	
		ブラウンシュガー	30g
		レモンの皮のすりおろし	1/2個分
		バター	適量
	仕上げ	とき卵	適量
		中ザラ糖	小さじ1
		自然塩	ひとつまみ

下準備

■ パイ生地は2等分にしてそれぞれ約15cmの正方形にし、ラップに包んで冷蔵庫に入れておく。

作り方

1　冷蔵庫から生地1つを取り出して台にのせ、めん棒で長方形にのばして15x21cmに切る。冷蔵庫で冷やす。その間にもう1つの生地も同様にのばして切り、冷蔵庫で最低10分冷やす。

2　ネクタリンはよく洗い、種を取り除いて皮つきのまま8等分に切る。ボウルに入れてブラウンシュガーとレモンの皮のすりおろしを加えて軽く混ぜる。ラズベリーを加え、つぶさないように注意しながらやさしく混ぜる。

3　1の生地を取り出し、縦横3cmの正方形に切り、それぞれの生地から35枚、合わせて70枚を作る。再度冷蔵庫で冷やしておく。

4　耐熱皿にバターをぬり、2を入れて全体を平らにならす(A)。

5　3を取り出し、4の上にずらしながら重ねて、写真(B)のようにうろこ状にする。冷凍庫で15分冷やす。

6　5を取り出してとき卵を刷毛で表面にぬり、中ザラ糖、自然塩を順にふる。220℃のオーブンで15分、190℃に温度を下げて45分焼く (C)。

Note: 3で生地をカットする前に打ち粉をふるう。生地がダレてくると作業しづらいので、少しでもやわらかくなってきたら冷蔵庫で冷やす。冷凍庫で短時間冷やしてもいい。

A

B

C

Key Lime Pie キーライムパイ

キーライムは、通常のライムよりも小ぶりで、より酸味も香りも強いのが特徴。フロリダ州の諸島、フロリダキーズ（Florida Keys）に自生していることからキーライム（Key Lime）と名づけられたそう。フロリダでは定番中の定番デザートですが、とにかく甘いのが一般的。わが家では、他のパイと同様に糖分をうんと減らしているため、一口食べると顔をしかめるほど酸っぱいですが、これがまた病みつきになるのです。本書の中で唯一定番の生地ではなく、キーライムパイのスタンダードであるグラハムクラッカーの生地を使っており、グラハムクラッカーの甘さがキーライムの酸味を引き立てます。

材料	生地	グラハムクラッカー	80g
直径約16cmの		バター	50g
パイ皿1台分		自然塩	ひとつまみ
	フィリング	コンデンスミルク	200g
		ギリシャヨーグルト（プレーン）	120g
		キーライム（またはライム）の皮のすりおろし1個分	
		キーライムがないときはライムでもOK。キーライムはライムに比べて苦みが少ないのが特徴。	
		キーライム（またはライム）の汁	120g（約13個分）
	仕上げ	キーライム（またはライム）の皮	2個分

下準備　　　■　バターは温めてとかしバターにする。

作り方

1　グラハムクラッカーをフードプロセッサーで粉状になるまで砕き、ボウルに移してバターと自然塩を加えて混ぜる。パイ皿に入れ、スプーンの背で底と側面に押しつけるようにして敷き（A）、175℃のオーブンで10分焼く。

2　ボウルにフィリングの材料を入れて、泡立て器でよく混ぜる。

3　1をオーブンから取り出し、2を流し込んで175℃のオーブンで15分焼く（B）。網にのせて冷ましたあと、冷蔵庫で最低2時間冷やす。

4　模様をつける。キーライムの皮を5mmの正方形に切り、色の濃さ別に6つのグループに分ける。写真（C）のように、薄い色のグループの皮から順番に、1cm幅をあけながら並べる。

材料のキーライム

A

B

C

What Happens in Summer

1	2	3
4	5	6
7	8	9

1 私の誕生日には息子が代わりにお菓子作りを。 2 夏はイタリアまたはフランスで長期滞在をすることが多く、この年はトスカーナにて。 3 ヨーロッパでの長期滞在中も基本は自炊。滞在先のマーケットを訪れては地元の旬の食材を見つけるのが楽しみ。 4 テラスでフリッタータのランチ。 5 近所のグリーンマーケットで食材の買い物。6 狙われるミルフィーユ。7 夏に数週間だけグリーンマーケットに並ぶ、赤すぐり。パイとの相性も抜群。8 ある日のランチ。9 ジョルジョは若いころバーテンダーの経験があり、カクテル作りも上手。写真はネグローニ。

Fall

秋のパイ

秋のパイを語る上で欠かせないのが、サンクスギビング。日本のお正月のように、家族や親戚が集まるアメリカの大切な祝日です。サンクスギビングで出されるデザートといえばパイで、中でもアップルパイやパンプキンパイが定番中の定番。とはいえ秋の初めはストーンフルーツもまだ手に入るので、四季の中で最もバラエティに富んだパイを作れるのがこの季節です。大勢の友人や家族と分け合ってパイをいただく機会が増えるのも、この季節ならでは。

Balsamic Apple Pie バルサミコ・アップルパイ

りんごの素材を最大限に楽しむには余分なものはいらない、という結論に至ったわが家のアップルパイ。この上なくシンプルですが、ときどき冒険をしてみることもあり、さまざまな素材と組み合わせて、また違った味わい方を楽しんでいます。中でも気に入っているものの1つが、バルサミコ・アップルパイ。口に入れたときにほんのりと広がるバルサミコ酢の酸味、そしてかみだすとそれがりんごの甘みと入れ替わる感じがなんともいえずおいしいのです。バルサミコ酢は、早熟の酸味が強いものではなく、最低10年の長期熟成でとろりとして甘みの強いものをおすすめします。

材料	生地	基本の生地 C分量(p.11)	全量
直径約16cmの パイ皿1台分	フィリング	りんご(酸味が強いグラニースミス)	1個(約240g)
		(甘みが強いふじ)	2個(約480g)
		グラニースミスやふじが手に入らない場合は、酸味の強い紅玉、甘みが強いはるかやトキでもよい。	
		ブラウンシュガー	10g+10g
		バルサミコ酢	大さじ1 + 小さじ1
		薄力粉	ひとつまみ
		バター	12g
	仕上げ	とき卵	適量
		中ザラ糖	小さじ1
		自然塩	ひとつまみ

長期熟成の甘みの強いバルサミコ酢。　　上がグラニースミス、下2つがふじ。

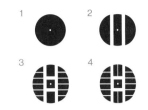

下準備

パイ生地は3等分にして、図のサイズ程度にし、ラップに包んで冷蔵庫に入れておく。

りんごの皮をむいて、1cm程度にスライスする。

ボウルにりんごを入れ、ブラウンシュガー10gとバルサミコ酢大さじ1を加えてあえ、2時間常温に（または冷蔵庫に一晩）おいて、りんごの水分を抜く。抜いた水分は水や炭酸水で割ってドリンクにしてもおいしい。

作り方 1

冷蔵庫から生地を2つ取り出して台にのせ、デザインを作る（右ページ参照）。

2

残りの生地を取り出して台にのせ、めん棒で直径約24cmにのばしてパイ皿に敷き、冷蔵庫で最低10分冷やす。

3

2を取り出し、薄力粉を内側の底部分に薄くふる。

4

りんごの水気をペーパータオルで吸い取り、できるだけ隙間ができないように3にりんごを敷き詰める。

5

1cm角にカットしたバターと、残りのブラウンシュガー10g、残りのバルサミコ酢小さじ1をまんべんなく散らす。

6

5の縁部分にとき卵を刷毛でぬり、右ページ6を取り出して上にのせ、はみ出した生地をナイフで切り落とす。冷凍庫で15分冷やす。

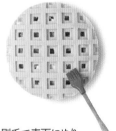

7

とき卵を刷毛で表面にぬり、中ザラ糖、自然塩を順にふる。

8

220℃のオーブンで15分、190℃に温度を下げて45分焼く。パイ皿ごと網にのせ、常温になるまで冷ます。

パイ皿の中でカットして取り出す。常温になるまで冷ますとカットしやすい。それでも1スライス目は崩れやすいので注意。

Design Process

デザインの作り方

ここで使う抜き型(p.95の抜き型1を使用)

2.2cmの正方形抜き型　　1.2cmの正方形抜き型

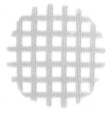

1

生地をそれぞれ直径約22cmにのばし、1つは冷蔵庫へ。生地の厚みは約3mm。

2

2.2cmの抜き型を使って円形の中央をくりぬく。その穴から右横に1cmあけて再度くりぬく。

3

2を繰り返し、縦横それぞれ1cmあけながら生地全体をくりぬく。冷蔵庫で最低10分冷やす。

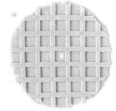

4

1のもう1つの円形生地を取り出し、とき卵を刷毛で全体にぬり、3を上に重ねる。

5

1.2cmの抜き型を使って、写真のように下側の生地をくりぬく。

6

5を繰り返して、全体の模様を仕上げる。冷蔵庫で冷やす。

Note: 型抜きする前に打ち粉をふるう。生地がダレてくると作業しづらいので、少しでもやわらかくなってきたら冷蔵庫で冷やす。冷凍庫で短時間冷やしてもいい。

Plum Fig Pie プラムといちじくのパイ

アプリコット、桃、ネクタリン、プラムなど、ストーンフルーツはどれも単独で最高においしいパイを作ることができますが、ネクタリンとラズベリーのパンダウディ(p.58)のように、他の果物と組み合わせては、また違ったおいしさを楽しんでいます。ここで使ったのは、この時期まだぎりぎり店頭に並んでいるプラムと、今が旬のいちじく。いちじくは風味というよりもプチプチとした食感をプラスするため、スパイスを入れて奥深い味わいに仕上げています。

材料	生地	基本の生地 C分量(p.11)	全量
直径約16cmの パイ皿1台分	フィリング	プラム	3個(約360g)
		いちじく	8個(約200g)
		ブラウンシュガー	20g + 20g
		レモン汁	1/2個分
		薄力粉	ひとつまみ
		レモンの皮のすりおろし	1/2個分
		オールスパイス パウダー	ひとつまみ
		カルダモン パウダー	ひとつまみ
		バター	12g
	仕上げ	とき卵	適量
		中ザラ糖	小さじ1
		自然塩	ひとつまみ

左がプラムで右がいちじく。

下準備

パイ生地は3等分にして、図のサイズ程度にし、ラップに包んで冷蔵庫に入れておく。

プラムといちじくはよく洗い、プラムは種を取り除いて皮つきのまま8等分に、いちじくはへたを取って皮つきのまま4等分に切る。

ボウルにプラムといちじくを入れ、ブラウンシュガー20gとレモン汁を加えてあえ、2時間常温に（または冷蔵庫に一晩）おいて、果物の水分を抜く。抜いた水分は水や炭酸水で割ってドリンクにしてもおいしい。

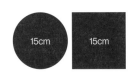  

作り方 1

冷蔵庫から生地を2つ取り出して台にのせ、デザインを作る（右ページ参照）。

2

残りの生地を取り出して台にのせ、めん棒で直径約24cmにのばしてパイ皿に敷き、冷蔵庫で最低10分冷やす。

3

2を取り出し、薄力粉を内側の底部分に薄くふる。

4

プラムといちじくをざるに上げて水分をよくきる。ボウルに戻し、ブラウンシュガー20g、レモンの皮、オールスパイス、カルダモンを加えて混ぜ、3に敷き詰める。

5

1cm角にカットしたバターをまんべんなく散らす。

6

5の縁部分にとき卵を刷毛でぬり、右ページ6を取り出して上にのせ、はみ出した生地をナイフで切り落とす。

7

楊枝で写真のように全体に穴をあけて冷凍庫で15分冷やす。とき卵を刷毛で表面にぬり、中ザラ糖、自然塩を順にふる。

8

220℃のオーブンで15分、190℃に温度を下げて45分焼く。パイ皿ごと網にのせ、常温になるまで冷ます。

パイ皿の中でカットして取り出す。常温になるまで冷ますとカットしやすい。それでも1スライス目は崩れやすいので注意。

Design Process

デザインの作り方

ここで使う抜き型（p.95の抜き型1を使用）

2.2cmの正方形抜き型　　1.2cmの正方形抜き型

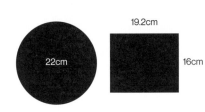

中抜き正方形
3.2cm

中抜き正方形
2.2cm

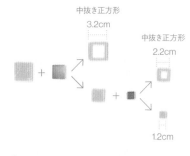

1.2cm

1

円形の生地は直径約22cmにのばし、冷蔵庫へ。正方形の生地は図のサイズよりも少し大きめにのばしてから19.2×16cmの長方形に切る。生地の厚みは約3mm。

2

長方形の生地は縦横それぞれ3.2cm幅に切り、3.2cmの正方形を30枚作る。冷蔵庫で最低10分冷やす。

3

2.2cmの抜き型で**2**の正方形の中央をくりぬく。次に2.2cmの正方形の中央を1.2cmの抜き型でくりぬき、3種類の四角を作る。同様にして残りの正方形すべてをくりぬき、冷蔵庫で10分冷やす。

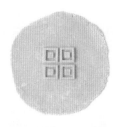

4

1の円形生地を取り出し、とき卵を刷毛で全体にぬる。**3**の3.2cmの中抜き正方形を取り出し、写真のように縦横5mmずつ幅をあけて置く。それぞれの正方形の中央に1.2cmの正方形を置く。

5

4を繰り返して円全体に模様をつけ、とき卵を刷毛でぬる。**3**の2.2cmの中抜き正方形を取り出し、写真のように4つの正方形の中央に置く。

6

5を繰り返して、全体の模様を仕上げる。冷蔵庫で冷やす。

Note: ナイフでカットする前や型抜き前に打ち粉をふるう。生地がダレてくると作業しづらいので、少しでもやわらかくなってきたら冷蔵庫で冷やす。冷凍庫で短時間冷やしてもいい。

Pecan Pie ピーカンパイ

秋のアメリカのホリデーといえば、サンクスギビング。家族や親戚が集まる大切な祝日で、日本のお正月に似ています。サンクスギビングにもお正月のように伝統的な定番料理やデザートがありますが、デザートで代表するものの1つがピーカンパイです。わが家ではバーボンを少し入れて、ちょっぴり大人味に仕上げて楽しんでいます。

材料	生地	基本の生地 A分量(p.11)	全量
直径約16cmの		卵白	適量
パイ皿1台分	フィリング	ピーカンナッツ a	1/2カップ(約30個)
		ブラウンシュガー a	40g
		バター	30g
		卵黄	1個分
		モラセス	30g
		モラセスが手に入らない場合は、同じ分量のはちみつで代用可能。	
		バーボン a	20g
	仕上げ	ブラウンシュガー b	大さじ1
		はちみつ	大さじ1
		バーボン b	小さじ1
		ピーカンナッツ b	1カップ(約60個)
		自然塩	ひとつまみ

下準備
- ■ パイ生地は直径約15cmの円形にし、ラップに包んで冷蔵庫に入れておく。
- ■ バターは常温に戻す。
- ■ ピーカンナッツ a は手で細かく砕き、オーブントースターで2分ほど焼く。

作り方

1 冷蔵庫から生地を取り出して台にのせ、めん棒で直径約24cmにのばしてパイ皿に敷き、はみ出した余分な生地をナイフで切り落として、冷蔵庫に最低10分入れて冷やす(A)。生地全体にフォークで穴をあけ、生地の内側に約25cmの正方形に切ったオーブンペーパーを敷き、重しをのせて220℃のオーブンで20分焼く。

2 ボウルにブラウンシュガー a、バター、卵黄、モラセス、バーボン a を入れて泡立て器でよく混ぜる。

3 1をオーブンから取り出して重しを取り、生地の内側に刷毛で卵白をぬる。再び220℃のオーブンで2分焼いて(B)取り出し、温度を175℃に下げる。

4 3にピーカンナッツ a を敷き、2を流し込んで45〜55分焼く(C)。パイ皿ごと網にのせ、2時間以上冷ます。

5 鍋にブラウンシュガー b とはちみつを入れて中火にかけ、ブラウンシュガーが溶けたら火を止め、バーボン b を加えて混ぜる。

6 ピーカンナッツ b をオーブントースターで2分ほど焼き、4のパイの上に外側から円を描くように並べる(D)。5を刷毛で全体にぬり、自然塩をふる。

A

B

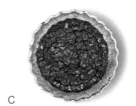
C

D

Pumpkin Pie パンプキンパイ

サンクスギビングのもう1つの定番パイといえば、芳香を放つスパイスが魅力のパンプキンパイ。アメリカの秋の香りを代表するお菓子です。かぼちゃペーストは生のパンプキンをローストして作るやり方を何度か試しましたが、手間がかかる割に仕上がりにムラがあったので、市販のかぼちゃペーストを使ったほうが安心です。

材料	生地	基本の生地 B分量(p.11)	全量
直径約16cmの		卵白	適量
パイ皿1台分	フィリング	かぼちゃペースト	210g
		ブラウンシュガー	40g
		しょうがのすりおろし	小さじ1/4
		クローブパウダー	ひとつまみ
		ナツメグパウダー	ひとつまみ
		自然塩	小さじ1/4
		卵	1個
		卵黄	1個分
		生クリーム	1/2カップ
	仕上げ	とき卵	適量
		中ザラ糖	小さじ1
		自然塩	ひとつまみ

下準備
- パイ生地は2等分に分けてそれぞれ直径約15cmの円形にし、ラップに包んで冷蔵庫に入れておく。

作り方

1 冷蔵庫から生地1つを取り出して台にのせ、めん棒で直径約24cmにのばしてパイ皿に敷き、縁部分のはみ出した部分を底側に折り込んでから、カードで八角形になるよう縁をととのえ(A)、冷凍庫で15分冷やす。生地全体にフォークで穴をあけ、生地の内側に約25cmの正方形に切ったオーブンペーパーを敷き、重しをのせて220℃のオーブンで20分焼く。

2 ボウルにフィリングの材料を入れて、泡立て器でよく混ぜる。

3 1をオーブンから取り出して重しを取り、生地の内側に卵白を刷毛でぬる。再び220℃のオーブンで2分焼いて取り出し(B)、温度を175℃に下げる。

4 3に2を流し込んで45〜50分焼く(C)。パイを揺らすと中央部分がプルプルと揺れるくらいの焼き加減を目安に。

5 もう1つの生地を取り出し、めん棒で直径約17cmにのばし、対角線が15cmの八角形に切る。対角線ごとに切ってできた三角形8枚のそれぞれを、写真(D)のように約1cm幅に切って6等分にする。冷凍庫で10分冷やす。

6 5を取り出して、オーブンシートに1個ずつ少し間をあけて並べる。とき卵を刷毛で全体にぬり、中ザラ糖、自然塩を順にふる。220℃のオーブンで12分焼き、取り出して冷ます。

7 4を常温になるまで冷ましたあと、6を写真(E)のように並べる。

Note: 5で生地をカットする前に打ち粉をふるう。生地がダレてくると作業しづらいので、少しでもやわらかくなってきたら冷蔵庫で冷やす。冷凍庫で短時間冷やしてもいい。

A

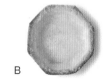
B

C

D

E

Salted Caramel Apple Pandowdy りんごと塩キャラメルのパンダウディ

私は塩キャラメルとりんごの組み合わせに目がなく、お店でもついつい頼んでしまいます。この大好きな組み合わせで作ったパンダウディ(p.58参照)です。パイの上生地だけを使って、編み目模様に焼き上げます。焼きたてに残った塩キャラメルソースをかけて、バニラアイスクリームといっしょにどうぞ。

材料	生地	基本の生地 B分量(p.11)	全量
約26x16cmの 耐熱皿1台分	塩キャラメルソース	きび砂糖(または三温糖)	80g
		水	大さじ2
		生クリーム	大さじ2
		牛乳	大さじ2
		バター	24g
		自然塩a	小さじ1/2
	フィリング	りんご(ふじ、はるか、トキなど)	3個(約720g)
	仕上げ	とき卵	適量
		中ザラ糖	小さじ1
		自然塩b	ひとつまみ

下準備
■ パイ生地は2等分にしてそれぞれ約15cmの正方形にし、ラップに包んで冷蔵庫に入れておく。

作り方

1 冷蔵庫から生地2つを取り出して台にのせ、めん棒で長方形にのばして1つは20x15cmに、もう1つは12x25cmに切る。それぞれ4cm幅で切り、4×25cm(長生地)3枚、4×15cm(短生地)5枚を作る。冷蔵庫で冷やす。

2 長生地を1cm間隔で並べ(A)、短生地をのせて両端を長生地の下に入れる(B)。真ん中の長生地を手前に折り、1cmあけて次の短生地をのせる(C)。長生地を元に戻して(D)次の短生地をのせ、両端の長生地を手前に折って次の短生地をのせ、長生地を元へ戻す。これを繰り返して編み目模様にする(E)。冷蔵庫で冷やす。

3 塩キャラメルソースを作る。鍋にきび砂糖と水を入れて弱火にかけ、鍋をやさしく揺らしながら煮て、とろみがついたら火を止める。生クリームと牛乳を加えて混ぜ、さらにバターと自然塩aを加えて混ぜる。

4 りんごは皮をむいて12等分のくし形切りにしてバターをぬった耐熱皿に入れ、全体を平らにならし、3の半量をかける(F)。

5 2を取り出し、4の上にのせて(G)冷凍庫で15分冷やす。

6 5を取り出してとき卵を刷毛で表面にぬり、中ザラ糖、自然塩bを順にふる。220℃のオーブンで15分、190℃に温度を下げて45分焼く(H)。

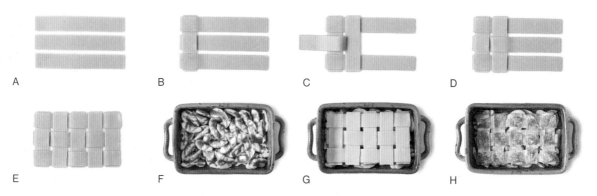

A　　　　B　　　　C　　　　D

E　　　　F　　　　G　　　　H

What Happens in Fall

1 ある年のサンクスギビング。私の会社のパートナーのIkuをゲストに。 2 サンクスギビングの定番料理は七面鳥だが、わが家では毎年鴨のローストを。 3 トライベッカの街並み。 4 アメリカの秋の風物詩の1つが、かぼちゃ狩り。選んだかぼちゃはしばらく家に飾り、最後はパンプキンパイに。 5 ある夜のディナー。 6 DEAN&DELUCAを始める前はチーズ専門店を営んでいたジョルジョ。わが家には常に何種類ものチーズをストック。 7 息子にとって秋の大事なイベント、ハロウィン。ある年は魔法使いに。 8 またある年はクラッカー・ジャックというスナック菓子に。 9 そしてまた別の年にはピエロに。

Winter

冬のパイ

ニューヨークの寒くて長い長い冬の到来です。果物の旬が終わり、パイ作りにも自由な発想が求められる時期です。スーパーに行けばいろいろな果物が手に入りますが、旬の魅力には欠けるので、果物を使わないクリームやチョコ系のパイをいかに面白く、おいしく作るかが課題です。また夕食に出すおかずパイもこの時期には喜ばれます。パイ作りにとっては最適な季節とはいえませんが、寒い日に温かい紅茶を飲みながらパイをいただくのは、至福の時間です。

Wine Poached Pear Pie 洋梨の赤ワイン煮パイ

洋梨のワイン煮はフランスのデザートで、ニューヨークのレストランでよく見かける定番のデザートの1つ。もちろんこのままでおいしく、当然ワインにもよく合う大好きなデザートですが、贅沢にもこれをパイに入れてみようと思いました。デザートとして洋梨のワイン煮を作るときは、シナモンなどのスパイスで香りづけをしていますが、パイに入れるといろいろな風味がぶつかり合ってぼんやりとした味になってしまったので、フィリングとして使う分にはスパイスを一切使っていません。洋梨の甘みとワインの風味をしっかりと味わうことができ、大人なパイに仕上がりました。なおここで使用した洋梨はボスクという種類のものですが、他の品種でも問題ありません。食べごろに熟れているものだと煮たときに崩れてしまうので、その直前くらいのかたさのものを使います。

材料	生地	基本の生地 C分量 (p.11)	全量
直径約16cmの パイ皿1台分	フィリング	洋梨	3個(約540g)
		赤ワイン	1本(750ml)
		きび砂糖(または三温糖)	1/3カップ + 10g
		オレンジの皮	1/4個分
		薄力粉	ひとつまみ
		バター	12g
	仕上げ	とき卵	適量
		中ザラ糖	小さじ1
		自然塩	ひとつまみ

ここで使ったボスク・ペア

下準備

パイ生地は3等分にして、図のサイズ程度にし、ラップに包んで冷蔵庫に入れておく。

洋梨は皮をむく。鍋に赤ワイン、きび砂糖1/3カップ、オレンジの皮を入れて沸騰直前まで温め、洋梨を加えて再度沸騰直前まで温める。蓋をして弱火で25分煮込んで火を止め、そのまま常温になるまで冷ます。保存容器に汁ごと入れ替えて冷蔵後で一晩ねかす。

洋梨を取り出して水気をペーパータオルで吸い取り、1㎝程度にスライスする。残り汁はとりおく。

作り方 1

冷蔵庫から生地を2つ取り出して台にのせ、デザインを作る（右ページ参照）。

2

残りの生地を取り出して台にのせ、めん棒で直径約24㎝にのばしてパイ皿に敷き、冷蔵庫で最低10分冷やす。

3

2を取り出し、薄力粉を内側の底部分に薄くふる。

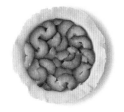

4

できるだけ隙間ができないように洋梨を敷き詰める。

5

残り汁から1/2カップときび砂糖10gを鍋に入れて中火にかける。大さじ2くらいになったら火を止め、バターを加えて冷まし、4にかける。

6

5の縁部分にとき卵を刷毛でぬり、右ページ**6**を取り出して上にのせ、はみ出した生地をナイフで切り落とす。

7

楊枝で六角形の隙間に穴をあけて冷凍庫で15分冷やす。とき卵を刷毛で表面にぬり、中ザラ糖、自然塩を順にふる。

8

220℃のオーブンで15分、190℃に温度を下げて45分焼く。パイ皿ごと網にのせ、常温になるまで冷ます。

パイ皿の中でカットして取り出す。常温になるまで冷ますとカットしやすい。それでも1スライス目は崩れやすいので注意。

Design Process

デザインの作り方

ここで使う抜き型（p.95の抜き型1、2を使用）

1辺が1.8cmの
六角形抜き型

1辺が1.2cmの
六角形抜き型

横幅が1.7cmの
クローバー形抜き型

中抜き六角形

クローバー型

1

円形の生地は直径約22cmにのばし、冷蔵庫へ。正方形の生地は約20cm四方にのばす。生地の厚みは約3mm。

2

1.8cmの六角形抜き型を使って、正方形の生地から38枚の六角形を作り、冷蔵庫で冷やす。

3

1.2cmの六角形抜き型で**2**の六角形の中央をくりぬく。次に1.2cmの六角形の中央をクローバー形抜き型でくりぬく。同様にして残りの六角形すべてをくりぬき、冷蔵庫で10分冷やす。

4

1の円形生地を取り出し、とき卵を刷毛で全体にぬる。**3**の中抜き六角形を取り出し、写真のように5mmずつ幅をあけて置く。

5

3のクローバー形を取り出し、写真のように六角形の中央に置く。

6

5を繰り返して、全体の模様を仕上げる。冷蔵庫で冷やす。

Note: 型抜きする前に打ち粉をふるう。生地がダレてくると作業しづらいので、少しでもやわらかくなってきたら冷蔵庫で冷やす。冷凍庫で短時間冷やしてもいい。

Black Bottom Pie ブラックボトムパイ

ブラックボトムパイとは、下にチョコレートクリーム、上にクリームやメレンゲをのせて層になったパイを指します。ダークチョコレートを使って濃厚にし、クリーミーなカスタードと口当たりの軽いメレンゲを組み合わせます。

材料	生地	基本の生地 A分量(p.11)	全量
直径約16cmの		卵白 a	適量
パイ皿1台分	カスタード	バニラビーンズ	5cm
		牛乳	160g
		きび砂糖(または三温糖) a	小さじ2＋大さじ1
		卵黄	1個分
		薄力粉	12g
		自然塩	ひとつまみ
	フィリング	ダークチョコレート	90g
	メレンゲ	水	20g
		粉ゼラチン	4g
		卵白 b	2個分
		きび砂糖(または三温糖) b	大さじ2
	仕上げ	生クリーム(乳脂肪分40〜45%)	1カップ

下準備
- ■ パイ生地は直径約15cmの円形にし、ラップに包んで冷蔵庫に入れておく。
- ■ 薄力粉はふるう。
- ■ 卵白bは冷蔵庫で冷やしておく。

作り方

1 冷蔵庫から生地を取り出して台にのせ、めん棒で直径約24cmにのばしてパイ皿に敷き、はみ出した余分な生地をナイフで切り落として、冷蔵庫で最低10分冷やす。生地全体にフォークで穴をあけ、生地の内側に約25cmの正方形に切ったオーブンペーパーを敷き、重しをのせて200℃のオーブンで25分焼く。

2 オーブンから取り出して重しを取り、生地の内側に刷毛で卵白aをぬってさらに8分焼く。網にのせて冷ます。

3 バニラビーンズは縦に切り目を入れて、種を包丁でこそげ出す。鍋に牛乳、バニラビーンズの種とさや、きび砂糖a小さじ2を入れて弱火にかけ、沸騰直前まで温めて火を止める。

4 ボウルにきび砂糖a大さじ1と卵黄を入れて泡立て器ですり混ぜ、薄力粉と自然塩を加えて混ぜる。ここに3をこし器でこしながら加えて軽く混ぜる。

5 4を3の鍋に戻し入れて弱火にかけ、ゴムべらで混ぜながらとろみがつくまで火を入れる。このとき鍋の底にダマができないように気をつける。火からおろす。

6 ダークチョコレートを湯せんにかけてとかし、5から大さじ3を加えて混ぜる。2に流し入れてゴムべらで平らにならし、ラップをゆるくかけて冷蔵庫で最低1時間冷やす。

7 容器に水を入れ、粉ゼラチンをふり入れて約5分ふやかす。これを5の残りに加えて混ぜる。

8 別のボウルに卵白bを入れ、泡立て器で白っぽくなるまで軽く泡立て、きび砂糖bを少しずつ加えながら九分立て(泡立て器を持ち上げたとき、しっかりとかたくしまった角がピンと立つくらい)にする。ゴムべらに持ちかえてひとすくいして7に加え、よく混ぜてボウルに戻してさっくりと混ぜる。

9 6を冷蔵庫から取り出し、8をのせて平らにし、冷蔵庫で最低1時間冷やす。

10 食べる直前に、別のボウルに生クリームを入れて氷水に当てながら泡立て器で九分立てにし、9にのせてゴムべらで平らにならす。

Flan Pie フランパイ

近所のベーカリーで食べたフランタルトがとてもおいしかったので、それにインスパイアされて作ったのがこのフランパイ。フランとは、卵や生クリームで作ったプリンによく似たフランスの伝統的なスイーツですが、それをパイ生地に流し込んで焼き上げました。バニラの香りが口いっぱいに広がり、濃厚かつクリーミーでやみつきになります。

材料	生地	基本の生地 A分量(p.11)	全量
直径約16cmの		卵白	適量
パイ皿1台分	フィリング	バニラビーンズ	10cm
		牛乳	360g
		生クリーム	120g
		きび砂糖(または三温糖)	35g+35g
		自然塩	ひとつまみ
		卵	1個
		卵黄	2個分
		コーンスターチ	25g

下準備　■ パイ生地は直径約15cmの円形にし、ラップに包んで冷蔵庫に入れておく。

作り方

1　冷蔵庫から生地を取り出して台にのせ、めん棒で直径約24cmにのばしてパイ皿に敷き、はみ出した余分な生地をナイフで切り落として、冷蔵庫で最低10分冷やす。生地全体にフォークで穴をあけ、生地の内側に約25cmの正方形に切ったオーブンペーパーを敷き、重しをのせて220℃のオーブンで20分焼く。

2　バニラビーンズは縦に切り目を入れて、種を包丁でこそげ出す。鍋にバニラビーンズの種とさや、牛乳、生クリーム、きび砂糖35g、自然塩を入れて中火にかけ、沸騰直前まで温めて火を止める。

3　ボウルにきび砂糖35g、卵、卵黄を入れ、泡立て器ですり混ぜ、コーンスターチを加えて混ぜる。ここに2を加えて軽く混ぜる。

4　3を2の鍋に戻し入れて弱火にかけ、ゴムべらで混ぜながらしっかりとろみがつくまで火を入れる。このとき鍋の底にダマができないように気をつける。火からおろして裏ごしする。

5　1をオーブンから取り出して重しを取り、生地の内側に刷毛で卵白をぬる。再び220℃のオーブンで2分焼いて取り出し、温度を175℃に下げる。

6　5に4を流し込んで40〜50分焼く。常温になるまで冷ましたあと、ゆるくラップをかけて冷蔵庫で最低4時間以上、可能であれば一晩冷やす。

Chicken Pot Pies チキンポットパイ

この本で唯一のおかずパイであるチキンポットパイ。シチューを作って、生地を作って、焼いて、と手間はかかりますが、やはりお店でいただくのとはひと味違う、手作りならではの味わいを堪能できます。ここではいわゆるクリームシチューをフィリングとして使っていますが、カレー粉を足してカレーシチューにしてもおいしいですよ。

材料	生地	基本の生地 B分量（p.11）	全量
直径約11cmの	フィリング	バター	7g
パイ皿2台分		オリーブ油	大さじ1/2
		玉ねぎ	小1個
		セロリ	1/2本
		にんじん	1/2本
		グリーンピース（冷凍）	1/4カップ
		鶏胸肉（またはもも肉）	1枚
		自然塩 a	小さじ1/2+適量
		薄力粉	大さじ1
		チキンブイヨン	90g
		牛乳	大さじ1/2
		生クリーム	大さじ1/2
		粗びき黒こしょう	適量
	仕上げ	とき卵	適量
		自然塩 b	適量

下準備
- パイ生地は4等分にしてそれぞれ直径約15cmの円形にし、ラップに包んで冷蔵庫に入れておく。
- 玉ねぎは薄切り、セロリは小口切り、にんじんはいちょう切りにする。
- 鶏胸肉は一口大に切り、自然塩 a 小さじ1/2をまぶす。

作り方

1　鍋にバターとオリーブ油を入れて中火にかけ、玉ねぎ、セロリ、にんじん、グリーンピース、鶏肉を順に加えて炒める。火を止めて薄力粉をふり入れて混ぜ、全体になじませる。チキンブイヨン、牛乳、生クリームを加えて再び火にかけ、とろみがつくまで煮込む。自然塩a適量と粗びき黒こしょうで味をととのえ、冷ます。

2　冷蔵庫から生地2つを取り出して台にのせ、めん棒でそれぞれ直径約16cmにのばし、それぞれパイ皿に敷き、冷蔵庫で冷やす。

3　残りの生地1つを取り出して台にのせ、めん棒で20x14cm程度の楕円にのばし、ナイフ（または波線のペイストリーカッター・p.95参照）で縦に2cm幅に切って短冊を10枚作る(A)。とき卵を刷毛で短冊の表面にぬり、写真(B)のように短冊が少し重なるように置く。これを繰り返して全体を仕上げ(C)、冷蔵庫で冷やす。残り1つの生地も同様にする。

4　2に1を半量ずつ入れ(D)、縁部分にとき卵を刷毛でぬり、3をそれぞれのせて、はみ出した生地をナイフで切り落とす(E)。冷凍庫で15分冷やす。

5　4を取り出してとき卵を刷毛で表面にぬり、自然塩bをふる。220℃のオーブンで15分、190℃に温度を下げて15分焼く。パイ皿ごと網にのせて粗熱を取る。

A

B

C

D

E

Prune Cream Cheese Pie プルーンとクリームチーズのパイ

わが家はみんなプルーンが大好きで、中でも特においしいフランスのアジャン産、プリュノー・ダジャン(Pruneaux d'Agen)は家に必ずストックしてあります。そのままで使うのはもちろん、お肉との相性もいいので料理にもよく使います。これをお菓子でも使えないかと思い、いろいろ試してでき上がったのがこのレシピ。タルトとしてパートブリゼ生地と合わせて作ることが多いのですが、パイのフィリングとしてもおいしかったので採用しました。

材料	生地	基本の生地 A分量 (p.11)	全量
直径約16cmの		卵白	適量
パイ皿1台分	フィリング	種なしドライプルーン	6個(約80g)
		クリームチーズ	220g
		バター	100g
		きび砂糖(または三温糖)	30g
		ナツメグパウダー	ひとつまみ
		アーモンドフラワー	48g

アーモンドフラワーが手に入らない場合は、同じ分量のアーモンドプードルで代用可能。

		卵	2個

下準備
- パイ生地は直径約15cmの円形にし、ラップに包んで冷蔵庫に入れておく。
- クリームチーズとバターは常温に戻す。

作り方

1 冷蔵庫から生地を取り出して台にのせ、めん棒で直径約24cmにのばしてパイ皿に敷き、はみ出した余分な生地をナイフで切り落として、冷蔵庫で最低10分冷やす。生地全体にフォークで穴をあけ、生地の内側に約25cmの正方形に切ったオーブンペーパーを敷き、重しをのせて220℃のオーブンで20分焼く。

2 プルーンはそれぞれ4等分に切る。

3 ボウルにクリームチーズとバターを入れてハンドミキサーでよく混ぜる。

4 3にきび砂糖とナツメグを加えて混ぜ、さらにアーモンドフラワーも加えて混ぜる。

5 卵をときほぐして4に加え、さらに混ぜる。

6 1をオーブンから取り出して重しを取り、生地の内側に刷毛で卵白をぬる。再び220℃のオーブンで2分焼いて取り出し、温度を175℃に下げる。

7 6の底に2のプルーンを並べ、5を流し込んで平らにならし、30〜40分焼く。パイ皿ごと網にのせ、常温になるまで冷ます。

What Happens in Winter

1	2	3
4	5	6
7	8	9

1 わが家のクリスマスツリー。2 クリスマスは、デルーカ家で受け継がれているファミリー・レシピのブラチオーレ（肉巻き）が定番。3 ジェノベーゼソースで煮込んだブラチオーレ。4 週に数回は通う近所のベーカリーにて。5 自慢のコッパー鍋コレクション。6 わが家の中で一番お気に入りの場所。レコードのコレクションの中から、毎日1枚選んでかけるのがお決まりに。7 2022年の冬に引越しを。キッチンのものだけで段ボールが100個以上にも！ 8 雪の多いニューヨーク。9 冬のバカンスは主にカリブ海。ニューヨーカーの避寒地として人気。

Ingredients

基本の材料

小麦粉

アメリカの小麦粉で最も一般的なオールパーパスフラワーを使用。たっぷりのフィリングを支えるしっかりとした生地でありながらも、アメリカンパイならではのホロホロ感を出すのに必要な小麦粉。

オールパーパスフラワーのたんぱく質含有率は10～11.5%辺りで、これは日本の小麦粉でいう準強力粉にあたる。もし仕上がりが少しかたすぎるようであれば、薄力粉を少し混ぜて使うとよい。

準強力粉が手に入らない場合は、強力粉と薄力粉を7:3から8:2くらいの割合で使用。

バター

本書で使用しているバターはすべて食塩不使用。

ショートニング

アメリカンパイのホロホロ食感を出すのに必要不可欠。トランス脂肪酸フリーのものを使用。

卵

アメリカのLサイズの卵を使用。正味（殻なし）約50g。

自然塩

イギリスのMaldon（マルドン）の塩を使用。かなり粗めの大きな結晶が特徴の塩なので、微粒タイプの塩を使用する場合は量を半分くらいに減らして。

ウォッカ

小麦粉に水分を加えて練るときに発生するグルテンを抑えるために、水の代わりに使用。液体のうち約40%がアルコールなので、同じ液体量で水分はその6割。蒸留酒の中でウォッカが最も無味無臭。使用が難しければ水でOK。

砂糖

Dark brown sugar（ブラウンシュガー）、Light brown sugar（きび砂糖または三温糖）、Demerara sugar（中ザラ糖）の3種を使い分け。本書ではDemerara sugarを使っているが、日本では同じ粒子の砂糖がないため、少し粒子は大きくなるが、中ザラ糖で代用する。可能な限り、砂糖は全てフェアトレードのものを。

アロールート粉

とろみをつけるための粉。一般的なコーンスターチよりも酸性成分との相性がよい。これに近いのが葛粉。手に入らない場合は片栗粉で代用可能。

Equipment

道具

パイ皿（ガラス）
上生地のデザインがあるパイや縁飾りのあるパイで使っているHARIO（ハリオ）社の耐熱ガラス製パイ皿。内径約16cmで、まわりの縁を含めると直径20cm。

パイ皿（陶器）
上生地のないパイで主に使っている陶器のパイ皿。直径約16cm。

パイ皿（アルミ）
チキンポットパイ（p.88）で使用している1人前サイズのアルミ製パイ皿。直径約11cm。

フードプロセッサー
本書で使用したのはKitchenAid（キッチンエイド）社の5カップ（1ℓ）容量のもので、基本の生地[C分量]（p.11）がぎりぎり入るサイズ。

パイクラストシールド（あれば）
パイの縁が焦げてきたときにつけるシールド。ないときはアルミホイルでも代用可能。もし上生地全体が焼けすぎてきた場合にはアルミホイルを上からかぶせて。

重し
空焼きするタイプのパイで使う製菓用の重し。ないときはお米や乾燥豆で代用可能。

抜き型1
上生地のデザイン制作で最もよく使う、Ateco（アテコ）社のクッキー型、ベーシック24個セット［AT4845］。(Geometric Shapes Cutter Set)

抜き型2
同じくAteco社のクッキー型12個セット［AT4847］。(.75" Aspic Cutter Set)

抜き型3
さらに小さいAteco社のクッキー型12個セット［AT4846］。(.5" Aspic Cutter Set)

刷毛
仕上げに卵をぬるときに使う。これはLe Creuset（ル・クルーゼ）社のシリコン製のもの。

ペイストリーカッター
生地を直線に切るときに便利なAteco社のペイストリーカッター。直線と波線の2種類。ないときはナイフで。

アートナイフ
クッキー型で表現しきれない細かい作業は、アートナイフのエグザクト（X-ACTO）ナイフを使用。ないときはなるべく先端が尖ったナイフで代用可能。

定規
上生地デザイン制作の必需品。透明のものが使いやすい。

分度器
p.21の上生地デザインで使用。

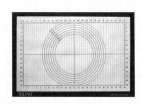

ペイストリーマット
あらかじめ円形や長さの目盛りがプリントしてあるものが便利。生地をのばしたりカットするときに重宝する。

渡邊デルーカ瞳
Hitomi Watanabe-Deluca
HI(NY) 代表・クリエイティブディレクター

School of Visual Arts（ニューヨーク）卒業後、MTVとブランディング事務所を経て2008年にパートナーのIku Oyamadaと共にHI(NY) design［ハイニューヨークデザイン］を設立。2016年には日本支店を京都に開設する。主な仕事に、米国コカコーラの新商品ブランディングやWaphyto（ワフィト）のブランディングなど。著書に『ニューヨークのアートディレクターがいま、日本のビジネスリーダーに伝えたいこと』（クロスメディア・パブリッシング）がある。
本書では、アートディレクションとブックデザイン、撮影とスタイリングも担当。
HI(NY)　https://hinydesign.com/
Instagram　@hitomi_w_deluca

校閲　山脇節子
編集　小橋美津子（Yep）
　　　田中 薫（文化出版局）

【Ateco社のクッキー型が購入できるオンラインショップ】
お菓子作りの輸入道具店 NUT2deco
https://www.nut2deco.com/

デルーカ家のパイ

2023年10月28日　第1刷発行

著者　　渡邊デルーカ瞳
発行者　清木孝悦
発行所　学校法人文化学園 文化出版局
　　　　〒151-8524
　　　　東京都渋谷区代々木3-22-1
　　　　電話03-3299-2485（編集）
　　　　　　　03-3299-2540（営業）
印刷・製本所　株式会社文化カラー印刷

文化出版局のホームページ　https://books.bunka.ac.jp/